Emil Presuhn

Die pompejanischen Wanddecorationen

Emil Presuhn

Die pompejanischen Wanddecorationen

ISBN/EAN: 9783742871251

Hergestellt in Europa, USA, Kanada, Australien, Japan

Cover: Foto ©Thomas Meinert / pixelio.de

Manufactured and distributed by brebook publishing software
(www.brebook.com)

Emil Presuhn

Die pompejanischen Wanddecorationen

DIE POMPEJANISCHEN

WANDDECORATIONEN.

FÜR KÜNSTLER UND KUNSTGEWERBESCHULEN,
SOWIE FREUNDE DES ALTERTHUMS

Herausgegeben von

EMIL PRESUHN.

Mit 24 Tafeln nach Originalzeichnungen von Discanno,
in Chromolithographie ausgeführt von Steeger,
nebst einem Plan der Malereien Pompeji 's.

LEIPZIG.
T. O. WEIGEL.
1877

VORWORT.

Dieses Werk füllt ein offenes Plätzchen in der reichen Pompeji-Literatur aus, indem es die Wandmalereien bloss kunsthistorisch betrachtet und speciell in Betreff der Decorationen eine künstlerische Anregung beabsichtigt.

Eine Kunstgeschichte Pompeji's, die eine wichtige Monographie für die Geschichte der Kunst des Alterthums bilden würde, befindet sich erst in den Anfängen. Ich habe aus einigen vorzüglichen neueren Forschungen, welche nicht weit über Gelehrtenkreise hinausgedrungen sind, die fest gewonnenen Resultate wiedergegeben und aus eignen Beobachtungen einige weitere Beiträge hinzugefügt. — Es sind freilich alle Zeit viele Maler nach Pompeji gekommen, haben dort Studien gemacht und vieles bewundert; aber im ganzen hat die Wanddecoration nicht einen ihrer Bedeutung entsprechenden Einfluss auf die moderne decorative Kunst gewonnen. Ich hoffe durch Vorführen aller einschlagenden Gesichtspuncte das Interesse der Künstler für eine solche Bereicherung unserer Kunstformen wachzurufen.

Noch directer aber widme ich dieses Buch dem Kunstgewerbe, welches in mühsamem Ringen nach Motiven und Formen sucht. Wo dieser Lehrstoff in den Gewerbeschulen zu rechter Benutzung kommt, da wird der Gesichtskreis der Lernenden eine schöne Erweiterung erfahren, und manches gewerbliche Fach wird in seinen Productionen ein frisches Leben aufweisen können.

Der Bestimmung des Buches ist dessen Form angepasst. Ich durfte den Text nicht in der gelehrten Weise der Archäologen abfassen, und wird von dieser Seite oftmals die nähere wissenschaftliche Begründung vermisst werden; auf der anderen Seite musste ich aber auch für den studirenden und den ausübenden Künstler das Material vollständig zusammenordnen und fachgemäss darstellen, so dass dadurch für den blossen Liebhaber eine Breite entstanden ist, und die Schreibart sich weniger anziehend giebt. Dem letzteren zu Liebe habe ich dann das Aufuhren vieler Beispiele unterlassen, die doch wohl selten jemand an Ort und Stelle vergleicht. Die Tafeln sind lediglich für den kunsthistorischen und künstlerischen Zweck des Werkes ausgewählt.

Eine äussere Bedingung aber war zur Erreichung meines Zweckes die dringendste, nämlich überhaupt ein Werk zu liefern, welches nicht nur in die Bibliotheken und an einige reiche Kunstfreunde gelangt, sondern das in die Hände jedes Künstlers und in jede Gewerbeschule seinen Weg suchen kann. Das Werk von Niccolini kostet 900 Franken, Zahn nicht viel weniger: wie können diese dem Kunstgewerbe nur bekannt werden? Unser Buch dagegen ist bestimmt, für den niedrigsten Preis ausgegeben zu werden, wie er sich nur nach den bedeutenden Herstellungskosten calculiren lässt, und der es in die weitesten Kreise zu tragen vermag.

Die Copien sollten nur von solchen Wänden genommen werden, die in Pompeji selbst sich noch wohl erhalten fanden *); von diesen sind aber während der Jahre der Herstellung des Werkes mehrere dem Ruin verfallen, z. B. die Wand Taf. VIII gleich nach der Copirung, die wir sofort nach der Ausgrabung vornahmen; ferner Taf. XVI und XXII. und einige andere mehr oder weniger. Ich achtete darauf, wenn möglich keine Wand aufzunehmen, die schon publicirt war, und in der That sind nur Taf. XII und einige wenige Ornamente vorher in Farben herausgegeben; Taf. XIII ist jetzt erst in Niccolini's Werk erschienen, nachdem mein Blatt längst fertig war. Photographirt sind mehrere Wände. — Bei weitem die Mehrzahl von den dargestellten Wanddecorationen gehört den Ausgrabungen der letzten Jahre an.

Noch muss ich des Zusammenhanges erwähnen, den drei von dem Lithographen Herrn Victor Steeger kürzlich herausgegebene Hefte *Die schönsten Wände Pompeji's* mit dem gegenwärtigen Werke haben. Es hat nämlich Herr Steeger dort eine Anzahl von ihm verfertigter Blätter, welche sich für dieses Werk nicht eigneten, mit solchen Tafeln desselben, die im Druck fehlerhaft geworden waren, zusammengestellt, und damit den vielen Besuchern Pompeji's ein leicht zu erwerbendes Andenken geboten. Mir sind einige male Citate aus diesen Heften gelegen gekommen, und sind dieselben unter dem Buchstaben St. eingeführt.

Ich lebe seit beinahe 5 Jahren in Neapel und habe viele Tage und Wochen in Pompeji zugebracht; den ganzen Sommer 1876 bewohnte ich ein Casino in der Nähe Pompeji's. Der Umgang hat mich also mit dem Gegenstande vertraut gemacht und mein Studium der Pompeji-Literatur belebt. Alles und jedes in meiner Darstellung gründet sich demnach auf unmittelbare persönliche Anschauung und eigne Prüfung. Es wäre freilich für die Ausführung eines Werkes wie das vorliegende, von grösserem Werthe gewesen, wenn sich jemand gefunden hätte, der Künstler, Kunsthistoriker und Archäolog zugleich gewesen wäre und ebensoviel an Ort und Stelle hätte verkehren können; weil er sich aber nicht fand, so bin ich eingetreten und habe die Sache so gut gemacht, wie ich konnte.

Ich wünsche, dass das Kunstgewerbe sich an Pompeji bilden möge, und dass es auch unter uns wieder auf die hohe Stufe gelange, auf welcher das Alterthum es gesehen hat.

E. PRESUHN.
Herzogl. S.-Goth. Schuldirector a. D.

Neapel, den 31. März 1877.

*) Die Originale zweier Tafeln befinden sich im Museum.

INHALT.

ÜBERSICHT DER TAFELN.

LITERATUR.

Fiorelli, Descrizione di Pompei. Napoli 1875.
Fiorelli, Guida di Pompei. Napoli 1877.
Overbeck, Pompeji in seinen Gebäuden, Alterthümern und Kunstwerken. Dritte Auflage. Leipzig 1875.

Fiorelli, Gli Scavi di Pompei dal 1861 al 1872. Relazione al Ministero di I. P. Napoli 1873.
Giornale degli Scavi di Pompei. 3 Bände. Neapel 1868-1875.
Fiorelli, Notizie degli Scavi di Antichità. Rom 1876: wird fortgesetzt.

Le Pitture antiche d'Ercolano e contorni incise con qualche spiegazione. 5 Bände. Napoli 1757-79.
Zahn, Die schönsten Ornamente und merkwürdigsten Gemälde aus Herculaneum und Pompeji. 300 Blätter in 3 Abtheilungen. Berlin 1828-52.
Ternite, Wandgemälde aus Herculaneum und Pompeji. Berlin, in verschiedenen Heften.
Niccolini, Le case ed i monumenti di Pompei. Napoli 1854-1877. Complet in 60 Heften.

Helbig, Untersuchungen über die Campanische Wandmalerei. Leipzig 1872.
Helbig, Wandgemälde der vom Vesuv verschütteten Städte Campaniens. Leipzig 1868.
Donner, Über die antiken Wandmalereien in technischer Beziehung. Dem vorigen Werke vorgeheftet.

DIE POMPEJANISCHEN

WANDDECORATIONEN.

A. Allgemeiner Theil.

Erstes Kapitel.

Die Malerei der Alten im Allgemeinen.

1. Die antike Malerei ist im Vergleiche mit der Architectur und Plastik nur in sehr beschränktem Masse der kunstgeschichtlichen Forschung zugänglich. Denn während auf den letztgenannten Gebieten eine solche Reihenfolge von Monumenten vorliegt, dass wir den gesammten Entwicklungsgang dieser Künste aufzuhellen und ihren Character mit voller Klarheit zu bestimmen vermögen, ist in Betreff der Malerei bis jetzt weder das eine noch das andere Ziel erreicht worden, da die erhaltenen malerischen Werke, wenn auch massenhaft vorhanden, doch nur ganz specifisch abgegrenzten Kreisen der Kunstübung oder einem einzigen kurzen Zeitabschnitt angehören. Wir kennen eben nur die Wandmalereien der vom Vesuv verschütteten Städte Campaniens, Mosaiken, und die Vasenbilder.

Die fortschreitende Ausgrabung Pompeji's hat freilich das absolute Dunkel, welches noch im vorigen Jahrhundert über der antiken Malerei schwebte, gelichtet, und neuere Forschungen haben uns in manchen Punkten zu guter Erkenntniss geführt. Es ist hier besonders Helbig zu erwähnen, der in seinen gründlichen „*Untersuchungen über die Campanische Wandmalerei*" den Entwicklungsgang der antiken Malerei bis zur Zeit nach Alexander dem Grossen zurückverfolgt. Weiter hinauf, bis in die eigentlichen Blütheperioden der Malerei, werden die uns zugänglichen Monumente den Kunsthistoriker schwerlich führen. Aber eins ist noch erreichbar, nämlich durch eingehenderes künstlerisches Studium der Gemälde Pompeji's den Character der antiken Malerei überhaupt klarer zu erkennen, als es bisher geschehen. Es haben die Archäologen mehr, als die Künstler, Pompeji durchforscht; mögen die letzteren sich erinnern, dass sie noch Schätze dort zu heben finden, und es mir gestatten, zur Anregung, und weil meine spätere Darstellung darauf Bezug hat, einige Bemerkungen über wesentliche Unterschiede zwischen antiker und moderner Malerei, wie sie sich aus dem Studium der pompejanischen Gemälde ergeben, hier anzufügen.

2. Die Malerei entwickelte sich bei den Alten an und aus der Architectur und Plastik, und ging bis zum Ende der Entwicklung mit diesen beiden Künsten Hand in Hand. Das zeigt uns Pompeji in wunderbarer Weise. Wir wissen, dass seit der hellenistischen Periode die monumentale Malerei von der Cabinetsmalerei überwuchert wurde, dass die Kunst dem raffinirten Luxus dienstbar geworden war und die Vervollkommung des Technischen, die Ausbildung des Details, die Erfindung des Absurdesten, eine Entartung herbeigeführt hatten, wie nur zu irgend einer Zeit in der gesammten Geschichte der Kunst — und doch, noch in spätester Zeit, noch in Pompeji, ist der ursprüngliche Zusammenhang und die natürliche Harmonie der Künste im Ganzen

und im Einzelnen gewahrt, oder nach dem unverwüsteten Schönheitsgeiste der Alten wieder zur Herrschaft gebracht. Wir erkennen darin ein **bedeutsames Princip**, einen **Grundcharacter** der antiken Malerei, der sie freilich gewissermassen abhängig macht und einschränkt, wie auch die Plastik zur Architectur in ähnlicher Beziehung steht. Auch die Abart der Malerei, die Mosaikbildnerei, hat sich durchaus diesem Princip unterwerfen müssen. Die Vasen, selbst die entartetsten des gesunkenen Stils, bekunden diesen selben Sinn für Harmonie. — Wie ist bei uns Neueren dagegen der Zusammenhang der Künste gelockert und gelöst! Unsere Malerei hat ihre eigentliche Ausbildung erst in dieser Loslösung, dieser absoluten Selbständigkeit, genommen.

3. Ein tieferes Eindringen in den Character der pompejanischen Gemälde wird aber den wichtigsten Grundunterschied zwischen der gesammten antiken und der modernen Malerei klar an's Licht stellen, wie er analog für die Skulptur längst aus den plastischen Werken hervorgeleuchtet hat und nur noch scharfer Formulirung bedürftig geblieben ist. Helbig hat ihn in einem Anhang *) ganz richtig angedeutet, ihn indess nur erst auf einem speziellen Gebiet, in der Landschaftsmalerei, erkennen wollen. Auch zeigt er an manchen anderen Stellen, wenn er auf das Naturgefühl der Alten zu sprechen kommt, dass er den Grund dieses Unterschiedes nach guter literarischer Kenntniss aufgefunden, und als feiner Kunstkenner dessen Eindruck verspürt hat.

Das gesammte Geistesleben der Völker des klassischen Alterthums war einfacher, ursprünglicher, als das moderne **), eine klare Organisation präcisester Vorstellungen, mit einem Worte — ein Naturprocess, der schönste, den wir kennen, ein geistiger Kosmos. Die vielfach complicirten abgeleiteten Vorstellungen, aus denen das moderne Bewusstsein zusammengewebt ist, waren bei ihnen noch nicht entwickelt. Der verschlungene geistige Process, den wir „Gefühl" nennen, fehlte ihnen noch ganz, wie ihren Sprachen demgemäss das Wort fehlt. Ihr Gefühl war der unmittelbare Natureindruck.

Ein Ausdruck dieses jugendfrischen Geisteslebens der Alten ist ihre Kunst. Sie ist die Nachahmung der Natur, das heisst, die Reproduction derjenigen schönen (harmonischen) Vorstellungen, welche die Natur unmittelbar in dem klaren Geiste erzeugte, welche dieser schöpferisch componirte und in reinster Ursprünglichkeit ins Leben führte. Das sind die antiken Ideale, aus der Natur und dem Geiste gezeugt — das ist ihre Kunst. Das moderne Kunstwerk dagegen ist das Product eines individuellen Geistes, es will den vollen subjectiven Character dieser Persönlichkeit an sich tragen, es ist eine Offenbarung des eigensten inneren Lebens derselben; die Natur hat keinen weiteren Einfluss bei dieser Original-Schöpfung, als den mittelbaren, dass sie natürlich zuerst die Phantasie des Künstlers hat bilden helfen.

Was **Helbig** als das **antike Naturgefühl** bezeichnet, war nichts, als die Vorstellung der harmonischen Verhältnisse in der unbelebten Natur, und das Bewusstsein von einer gleich harmonischen Wirkung auf den Geist des Menschen. Dem entspricht die Darstellung der Natur in den verschiedenen Künsten. Wo sich eine Annäherung an das moderne Naturgefühl zeigt, z. B. in der bukolischen Poesie und bei den römischen Elegikern, haben wir schon eine spätere Entwicklung, ein Sinken von der höchsten antiken

---

*) *Untersuchungen* etc. Kap. XXVIII.

**) „Modern" gebrauche ich in diesen Verbindungen im Gegensatz zu „antik."

Geistesblüthe herab, vor uns; und auch hier möchte ich's unternehmen, noch den antiken Grundzug unter der Hülle nachzuweisen. — Ich gehe aber weiter, und behaupte ganz dasselbe von der Auffassung und Darstellung belebter Wesen, vom geistigen Ausdruck der Figuren. Die reinen Naturleidenschaften und Naturempfindungen leuchten uns entgegen, nirgends Gefühle, die in complicirten Processen ihren Ursprung haben. Da gibt es den Schmerz eines Laokoon, aber keinen leidenden Christus; da sind die herrlichsten weiblichen Naturschönheiten, aber keine Raphael'sche Madonna; Liebesfeuer blitzt aus den strahlenden Augen, aber kein platonisches Schmachten (das eben auch nicht „platonisch" ist), keine Idee von moderner Liebe; da ist volle Lebenslust, aber keine Spur innerer Freude. Man wolle mir nicht einwerfen, dass ich damit den ganzen Ausdruck der antiken Kunst als materialistisch schildere; im Gegentheile, er ist ein durchaus geistiger, idealer: aber, sage ich, wir finden nur solches geistiges Leben, das sich unmittelbar aus dem natürlichen, materiellen ableitet, alles weiter und feiner entwickelte Geistige fehlt; um es mit einem Worte vielleicht am treffendsten zu sagen: es fehlt der „seelische" Ausdruck. So ist z. B. die Erhabenheit des Zeus von Otricoli ein unmittelbarer geistiger Ausdruck menschlicher Grösse; auch Stolz, Zorn, Würde sind aus derselben Kategorie; aber Demuth, Mitleid, Aufopferung, entspringen complicirten Vorstellungsreihen, die das Seelenleben zur Voraussetzung hat. Eine Sentimentalität, oder auch nur Gefühl, im prägnanten Sinne des Worts, zeigt sich im antiken Leben nicht und eben so wenig in der Kunst; und alles, was unsere modernste Kunstrichtung so gern und so voll in das Wort „Stimmung" zusammenfasst, existirt absolut nicht im Alterthum.

Das unbefangene Studium der pompejanischen Gemälde beweis't alles oben entwickelte auf's evidenteste, und die Übereinstimmung dieser Erscheinung mit dem ganzen antiken Leben berechtigt uns, den erkannten Grundunterschied auf die gesammte antike Malerei anzuwenden.

Unserem modernen Kunstsinn liegt sonach die antike Kunst ganz ausserordentlich fern, und muss dieselbe aus ganz anderen Gesichtspuncten beurtheilt werden, als die neuere. Ich habe auch oft beobachtet, wie Reisende, die von Florenz und Rom nach Neapel und Pompeji kamen, gewaltig über die antike Malerei enttäuscht waren und dies hergebrachter Weise damit erklärten, dass die Malereien nicht genügend erhalten seien, um ihren Werth zu schätzen, und dass hier auch ja nur blosse Decorationsmalerei einer kleinen Landstadt vorliege. Andere waren geneigt, in das einst verbreitete Vorurtheil einzustimmen, dass der ästhetische Werth der ganzen Malerei der Alten nicht hoch anzuschlagen sei.

Und doch war es nichts als der oben entwickelte Grundcharacter der antiken Kunst überhaupt, der ihrem ästhetischen Bewusstsein allzufremd entgegentrat. Unter solchen, die sich Pompeji längere Zeit ansahen, habe ich einige gefunden, welche das, was sie als das Höchste in der Kunst verehrten, auch den alten Bildern nachrühmen wollten; sie hatten diese Stimmung eben mitgebracht und erst nach Pompeji hineingetragen. Die meisten aber bekamen einen tiefen, grossartigen Eindruck von Pompeji's Malerei, ohne sich über dessen Natur bewusst zu werden, und in dem Gegensatz gegen das Moderne eben den Grund jener so überwältigenden Wirkung zu finden.

Diese Wirkung aber wird ewig sein; und je ferner die antike Kunst den modernen Zeitaltern gegenübersteht, desto mehr ist sie durch ihren Character im Stande, für alle Zeiten der Leitstern zu sein, wie in der Poesie Homer.

Zweites Kapitel.

Die decorative Malerei der Alten im Allgemeinen.

I. Abschnitt.

Character und Historisches.

1. Es sind Ansichten geäussert worden, dass die gesammte Malerei der Alten nur decorativer Natur gewesen sei. Man könnte damit gewissermassen Recht haben, insofern, wie schon oben gesagt, die Malerei mit der Architectur und Plastik in innigster Verbindung stand. Im Gegensatz zur modernen Manier, die oftmals die Malerei verwendet, um in die schöne Umgebung des Menschen eine Disharmonie zu bringen, war die antike Malerei wirklich decorativ, ein rechter Schmuck für alle Räume und Gegenstände in ihrem Bereiche. Sicherlich konnten auch die Alten ein malerisches Werk nicht so absolut, nicht so ganz losgelöst von Raum und Bestimmung, schätzen, wie wir es zu thun gewöhnt sind *). Man würde dagegen die antike Malerei ungebührlich herabsetzen, wenn man den Ausdruck „nur decorativ" in verkleinernder Bedeutung nehmen wollte. Sie hat in ihren Blütheperioden, wie wir aus den literarischen Zeugnissen mit Bestimmtheit schliessen können, eine selbständige Bedeutung gehabt, und noch aus den Monumenten der Wandmalerei in Pompeji vermögen wir dies zu erkennen. Hinsichtlich mancher Gemälde, die (nach Helbig, „*Untersuchungen etc.*") als Reproductionen aus der Diadochenzeit anzusehen sind, oder von denen einzelne bis zu den Originalen der berühmtesten Meister hinaufreichen, ist dies leicht bewiesen; aber weit über diesen engen Kreis hinaus sieht man in Pompeji, wie frei, wie leicht, wie genial die Malerei mit ihren Vorwürfen und in deren Ausführung disponirt, wie sie vollkommen Herrscherin auf ihrem Gebiet ist, und nicht bloss technisch den Boden des Reliefs, dieser so streng auf's Decorative beschränkten Tochter der Plastik, verlassen hat, während die früheren Perioden und andere Völker, z. B. die Aegypter, in ihrer Malerei nicht über den Character jener Kunstform hinausgelangen konnten.

Wenn ich mich jetzt aber in meiner Darstellung auf die decorative Malerei, als eine besondere Gattung, beschränken will, so ist vor allem hervorzuheben, dass sie in ganz anderer, viel originellerer, selbständigerer Weise mit der Architectur und Plastik zusammenhängt, als wie man die moderne Decorationsmalerei ihrer Bestimmung anzupassen sucht. Auch sie zeigt die Genialität der Alten darin, wie zwei Dinge in vollkommene Harmonie gesetzt sind und dazu jedes derselben eine eigenartige Existenz und Bedeutung hat. In keiner Periode der Kunstgeschichte findet sich dieser Grundsatz so lehrreich illustrirt wie in Pompeji oder in den Vasensammlungen aus dem Alterthum. Die innerste Structur der Decorationsmalereien ist architectonisch und plastisch. **)

*) Es gab freilich auch eine Zeit des Verfalls der Malerei, in der lediglich technische Fertigkeiten und Spielereien, oder die wilde und rohe Phantasie ihre Bewunderer fanden. Es gibt viele Anecdoten darüber bei alten Schriftstellern.

**) Um einem möglichen Missverständnisse vorzubeugen, erkläre ich, dass ich damit etwas ganz anderes bezeichnen will als die bekannte so reich vertretene Architecturmalerei oder bloss die decorativ angebrachten, plastisch hervortretenden Figuren. Ich will hier von dem künstlerischen Character, von der Haltung und Behandlung der Malereien überhaupt sprechen.

Dennoch würde kein antiker Bildhauer die Figuren oder Ornamente der Wandmalereien einfach in Marmor überführen wollen oder können, und ebensowenig wären die streng architectonisch gehaltenen Compositionen nun auch unmittelbar wieder in der Architectur verwendbar. Der wirkliche malerische Stil hat sich auch in den Decorationen bis zu voller Selbständigkeit entwickelt. Wir finden in der alten Kunst die ganze Entwicklungsreihe des Kunststils: zuerst Rund-Figuren und Rund-Ornamente (Säulen), Relief-Figuren und-Ornamente. Die Vasentechnik steht auf dem Übergange von der Architectur und dem Relief zum malerischen Stil, welch letzterer in der Wandmalerei ausgebildet vorliegt.

Das architectonische und plastische Princip der decorativen Malerei tritt in der Composition, dem Colorit, der Zeichnung, hervor. Die Vasendecoration zeigt dies am schärfsten. Hier ergibt sich's natürlich leicht, dass die Composition der Decorationen sich dem ganzen Aufbau der Vasenform anpasst; aber die Verhältnisse sind dabei mit einer solchen Sicherheit festgehalten, dass sich auch bei den verschiedenartigsten Vasen die gleichen Grundproportionen wieder finden, und zwar dieselben wie sie auch beim Aufbau der Säule oder des Tempels massgebend sind. Von Colorit ist bei der Vase freilich nur wenig zu reden; aber man beachte doch, wie der einfach schwarze Fuss die feste, dichte Basis characterisirt, und das Ansinken der Decoration, also der hellen Farbe, nach oben hin, eben bloss wegen der Farbe nicht zu einer Beschwerung, sondern zur Leichtigkeit wird. So dürftig auch die Einzel-Ornamente in ihrer Erfindung noch sind, so variiren sie doch ihre Verhältnisse in reichster Weise, bei jeder einzelnen Vase neu, um sich dem architectonischen Princip stets unterzuordnen. Das plastische Princip kommt bei den Vasen in der Anordnung der Figuren, ihrer Haltung, dem Hervortreten auf dem schwarzen Grunde, noch in dem Masse zur Geltung, dass wir hier erst den Übergang vom Relief-Stil zum malerischen vor uns haben. Die gemalten Ornamente finden sich noch mit Relief-Ornamenten vereint oder sind augenscheinlich aus denselben unmittelbar hervorgegangen.

Nicht so augenfällig, aber eben so bestimmt ist das architectonische und plastische Princip in der Wandmalerei erkennbar *). Der Decorationsmaler, welcher die Eintheilung der Wandfläche componirt, ihr Farben gibt und die Ornamente einzeichnet, ist eben so gut ein Baumeister wie der Tempel-Architect; er hat noch das volle Bewusstsein von der Entstehung der Mauer und bringt dies auf der Fläche zur Anschauung. Die Einzel-Ornamente sind jedesmal so speciell ihrer Bestimmung angepasst, dass sich ein und dasselbe kaum ein zweites Mal angewandt findet. Deshalb hatte man in Pompeji keine Schablonen; nicht einmal der Pfuscher konnte sie gebrauchen. Der Wandmaler gruppirt seine decorativ angebrachten Figuren schon malerischer als der Vasen-Decorateur, aber ohne sie je so „malerisch" übereinanderzulegen, dass die Einzelgestalt nicht mehr in ihrer Gesammthaltung hervorträte; um sie zu vollen plastischen Wesen zu machen, hat er für jede ihr eigenes Colorit und ihren besonderen Hintergrund. Bei den Ornamenten leitet ihn in der Anlage, für specifische Farben und Formen stets der Gedanke, mit ihnen auf der Fläche eine analoge Wirkung zu erzielen, wie sie dem Relief im Raume gelingt. Ich habe in diesen Beziehungen von den pompejanischen Wanddecorationen einen Eindruck gewonnen, den ich dahin ausspreche: die architectonischen und plastischen Principien in

*) Von einer Betrachtung der Mosaikbildnerei sehe ich hier der Kürze wegen ab.

Composition, Colorit und Zeichnung, sind innerhalb der Wandmalerei so consequent durchgeführte, dass ein sorgfältiger Kunstforscher wohl noch einmal mit mathematischer Klarheit alle Masse und Verhältnisse deduciren wird. Ist solche Gesetzmässigkeit nicht hinreichend, um auch der decorativen Malerei eine hervorragende Bedeutung und eine Stellung als besondere Kunstgattung zu sichern? Und wenn diese Verhältnisse sich als allgemeine Proportionen des Schönen darstellen, und ebensowohl in der Plastik wie in der Architectur nachgewiesen werden können, ist es da nicht interessant, wie aus dem Studium der Ruinen Pompeji's ein ganz primitiver, originaler Zusammenhang aller bildenden Künste gefunden wird?

Jetzt bleibt mir noch übrig, die Geltung des malerischen Princips zu erörtern. Die Malerei ist diejenige Kunstform welche auf einer Fläche mit Farben das Schöne producirt. Sie besitzt durch Ausnutzung der Fläche mittelst der Perspective die grösste Freiheit der Composition, und kann der Natur, welche die Kunst nachahmt, durch Combination des gesammten Farbenreichthums am nächsten kommen; in feiner Ausführung der Zeichnung ist sie allen anderen Künsten überlegen. — Wie weit haben die Alten das malerische Princip entwickelt? Offenbar nie so weit wie die moderne Kunst. *) Es fehlt den Alten schon die Technik der Oelmalerei ganz, und damit die Möglichkeit, in Betreff des Colorits auch nur in einen Vergleich mit neueren Meistern einzutreten. Auch die Luftperspective haben sie nicht in der vielseitigen Weise durchgebildet, wie wir, entweder ebenfalls wegen der Beschränktheit ihrer Technik, oder weil ihnen der Sinn für viele Abtönungen, die unser Auge empfindet, fehlt **). Ferner sind in der Linienperspective die Alten lange nicht bis zu solchen Verkürzungen vorgeschritten, wie sie in moderner Zeit ausgeführt sind. In der Composition hatten sie es auch nicht so weit gebracht, wie manchmal Neuere, bei denen zahlreiche Figuren nur als Arme oder Beine sichtbar werden. Endlich, so fein ihre Zeichnung etwa gewesen sein könnte, so sind ihnen doch die Züge des Seelenvollen und so mancher erst dem christlichen Zeitalter angehörenden Affecte verborgen geblieben.

Dennoch behaupte ich auf Grund der erhaltenen Werke (und jetzt speciell für die decorative Malerei), dass die Alten dem malerischen Princip wenigstens voll gerecht geworden sind. Man vergleiche Relief-Ornamente mit gemalten, und wird finden, dass der Maler sich der freieren Bewegung, welche ihm die Fläche verstattet, wohl bewusst gewesen ist und sich ihrer bedient hat; vgl. Taf. XX. Dasselbe ist bei den decorativ angebrachten Figuren manchmal der Fall; vgl. Taf. VIII u. XII. In vielen Tafelbildern ist die Composition nur dadurch möglich gemacht, dass der Maler die Vortheile, welche ihm das Gruppiren der Figuren auf einer Fläche mittelst der Perspective bot, voll ausnutzte. Indessen ist in dieser Beziehung das malerische Princip mit strengem Masshalten angewendet worden. Bei der Architecturmalerei haben dagegen die Maler sich fast aller Mittel der Linienperspective bedient, die ein Neuerer kennt (vgl. Taf. XII); und nicht viel weniger gilt dies auf dem gleichen Gebiete von der Luftperspective (Taf. VIII). Dass die Alten diese letztere in einer grossartigen Weise aufzufassen vermochten, zeigen die herr-

---

*) Ich erstrecke diese Behauptung bis auf die Meisterwerke der Tafelmalerei. Denn die in den literarischen Berichten vorkommenden Ausdrücke sind nicht geeignet uns eine wirkliche Anschauung zu geben und Urtheile darnach zu bilden, wie das in Kunstgeschichten vorkommende, Apelles sei der antike Raphael.

**) Merkwürdig ist es, wie die heutige Malerei in Süditalien auch so viele Farbentöne nicht findet, besonders im Landschaftsbild, die unter früheren Himmelsstrichen der Malerei inhärent geworden sind.

lichen Muster der monochromen Malerei, die sich zahlreich finden (vgl. Taf. XI, VIII). Ein bedeutender malerischer Effect liegt ferner in der Zeichnung. Wie mannigfaltig componirt, wie genial gezogen sind die Linien der Ornamente; welch leichte freie Haltung der Figuren! Und nun das Leben, das in den einzelnen Zügen pulsirt, so dass die Figuren übermenschliche Vitalkraft zu haben scheinen, dass die seltsamsten decorativen Formen zu Wesen der Wirklichkeit sich verkörpern, dass die Arabeske zum organischen Gebilde wird! — Die Farben als solche haben einen wesentlichen Antheil an der Formengebung; sie müssen überall bei Figuren, Vasen, Säulen, Arabesken die Zeichnung kräftig zum Abschluss bringen, folgen aber darin, wie mich dünkt, wieder mehr dem plastischen Motiv als dem malerischen. Was wir in der Malerei Colorit im vollen Umfange des Begriffs nennen, haben die Alten nicht gekannt; aber an Stelle dessen war ihnen ein Sinn für Harmonie der Farben, ohne deren unmittelbare Verschmelzung, gegeben, der uns im Grossen und Ganzen abgeht. Was für uns der Schmelz, der mystische Reiz der Farbenmischung ist, das ist für sie die, möchte ich sagen, mehr plastisch wirkende, klare Harmonie der Grundfarben. Daher sind ihre Malereien so farbenglänzend, aber nirgends grell oder bunt. Äusserst interessant ist die Beobachtung *), wie das Colorit sogar der selbständigen Gemälde, welche inmitten der Wandfelder als Hauptdecoration dienen, sich mit dem Gesammt-Colorit der umgebenden Wand in Harmonie setzt (auf Tafel XI hat dagegen ein radicales Motiv eingewirkt).

So tritt in der Kunst der Alten, was Composition, Farbe und Zeichnung anbetrifft, nicht nur allgemein ein malerischer Character hervor, sondern das malerische Princip ist zum Durchbruch gekommen; nur mit dem Unterschiede gegen die moderne Zeit, dass es das architectonische und plastische Princip streng respectirt, oder demselben gar noch eine erhöhte Wirkung verleiht **); und dass die Farbenharmonie eine ebenso wirkungsvolle, wie von der unsrigen grundverschiedene ist.

2. In der Geschichte der decorativen Malerei haben wir zwei Hauptabschnitte zu machen, die ungefähr durch die Zeit Alexanders des Grossen getrennt werden. Der erste zeigt uns eine noch gebundene Kunstübung; im zweiten begegnen wir der freien Entwicklung eines selbständigen Kunstzweiges.

Die Blüthezeit der Architectur und Plastik, das 5te Jahrhundert v. Chr., zeigt uns die gesammte Malerei nur erst auf dem decorativen Standpuncte. Es wurden ganze Wandflächen in Tempeln und Hallen mit grossen Bildern al fresco, meist mythologischen Inhalts (Megalographien), bemalt, die sich, wie anzunehmen, streng der Architectur anpassten und einen noch reliefartigen Character trugen. Daneben erfuhren die oberen structiven Glieder der Tempel eine Bemalung, die sich dem Relief anlegte oder dasselbe nachahmte, und von gleicher Art war die theilweise Bemalung von Gewandstatuen. Auch die ältere Vasenmalerei, dunkle Figuren auf hellem Thongrunde, ist hieherzuziehen. — Das 4te Jahrhundert erreicht mit dem selbständigen Tafelbild den Höhepunct der antiken Malerei. Von einer Decoration der Privathäuser wissen wir auch aus dieser Zeit direct nichts; aber nach Rückschlüssen müssen wir bestimmt annehmen, dass die Wände nicht roh und nackt gelassen wurden, sondern Farbenschmuck erhielten; und mehr noch, dass bereits die An-

*) Zuerst von Hettner gemacht in seiner *Vorschule zur bildenden Kunst der Alten*. Vgl. auch Helbig, *Untersuchungen* etc. p. 330.

**) In der neueren Kunst hat das malerische Princip das plastische vielfach unterdrückt, und die Farbe ist oft zu ungebührlicher, ja alleiniger Geltung gekommen.

fänge des decorativen Stils sich aus der Bemalung der architektonischen Glieder der Mauer herleiteten. *)

Wir kommen jetzt zu der zweiten Periode, nach Alexander, die bis zum Untergange der antiken Welt zu rechnen ist, und die wir als die hellenistisch-römische bezeichnen. — Die Cabinetsmalerei war in den Reichen der Nachfolger Alexanders zu einer ausserordentlichen Ausbildung gelangt, und in dem Bedürfniss, diese Mannigfaltigkeit von Bildern den Räumen des Privathauses anzupassen, fand die selbständige Entwicklung der decorativen Wandmalerei ihren Ausgangspunct. Alexandria insbesondere wurde die Stätte ihrer Blüthe. Mit der raschen und allgemeinen Verbreitung der hellenistischen Cultur fand der neue Kunstzweig durch Vermittelung der Colonien in Grossgriechenland schon früh, bereits um die Mitte des 3ten Jahrhunderts, bei den Römern Eingang. Obgleich uns die näheren Anhaltspuncte für die Geschichte der Verbreitung der griechischen Malerei in Italien fehlen, so ist doch anzunehmen, dass seit der Eroberung Griechenlands, um die Mitte des 2ten Jahrhunderts, wie die gesammte griechische Cultur, so auch die Malerei, sich vollständig in Rom einbürgerte. In der Kaiserzeit nahm die hellenistische Kunst, nicht ohne Einfluss des römischen Geistes, einen letzten, bedeutenden Aufschwung, der bis ins Zeitalter Hadrians kräftig fortwirkte. Darnach fällt das Reich und seine Cultur einem langsamen Hinsiechen anheim. In der Frage, ob der römischen Culturepoche ein selbständiges Kunstvermögen zuerkannt werden müsse oder nicht, stelle ich mich auf die erstere Seite; aber dennoch vermag ich in der Malerei, speciell der decorativen, keine besonders characterisirte Weiterentwicklung zu erkennen, und deshalb auch keine Eintheilung der hellenistisch-römischen Periode in mehrere Abschnitte vorzunehmen.

II. Abschnitt.

Die Entwicklung des decorativen Stils.

3. Wie im vorigen Abschnitt angegeben, bietet uns das Alterthum nur einen decorativen Stil, den der hellenistisch-römischen Periode in seinen fortschreitenden Nüancirungen. Indem ich jetzt diesen Stil näher characterisiren will, bemerke ich, dass Helbig in seinen „*Untersuchungen*" dessen Zusammenhang und Character so vorzüglich nachgewiesen hat, dass ich in der Hauptsache ihm nur zu folgen brauche.

In den Reichen der Nachfolger Alexanders des Grossen, der Diadochen, wie die Geschichte sie nennt, trat die Theilnahme des Einzelnen am öffentlichen Leben mehr und mehr zurück; Reichthümer, die aus dem Orient herbeigeströmt waren, machten das private Leben immer behaglicher, so dass erst mit dieser Zeit die Geschichte des Privatlebens der griechischen Völker reichhaltiger wird. Die bildenden Künste vereinigten sich zum Schmuck des Privathauses, wie in den alten Republiken für die öffentlichen Gebäude. Von den Künsten trat die Malerei immer mehr in den Vordergrund, erreichte eine ausserordentliche Vollendung im Technischen, erlitt aber zugleich eine Entartung durch den einreissenden wahnsinnigen Luxus und die zunehmende Sittenverderbniss. Die Cabinetsbilder entstanden in ungeheurer Mannigfaltigkeit und Zahl, und bald wusste man den bunten Reichthum nicht anders mehr aufzustapeln als in Gallerien; Alexandria hatte die ersten Pinakotheken, die bald jedem reichen Privathaus eigen waren. Aber diese Verirrung konnte

*) Vgl. Kap. III. Abschn. 1.

dem antiken Kunstgeiste nur eine vorübergehende sein; er suchte sie von innen heraus zu überwinden, und gab so den Anstoss zu einer neuen Entwicklungsphase des decorativen Stils. man gab dem Tafelbilde innerhalb der Wandfläche eine selbständige Stellung, die man der Decoration der umgebenden Wand anpasste.

Hier ist der Punkt, auf dem ich von Helbig abweiche und mich mit den Nachweisungen Mau's begegne, auf die ich im nächsten Kapitel ausführlicher zurückkommen werde. Helbig behauptet (cap. XV, pag. 129, 130), „dass das Decorationsprincip auf dem Tafelbilde basirt worden sei, indem man die Wände in Felder theilte und Tafelbilder zu deren Mittelpuncten machte." Ich glaube umgekehrt, dass nicht die Decoration und Feldereintheilung der Wand von dem Tafelbilde bedingt wurde, sondern dass das Tafelbild sich einem schon vorhandenen Decorationsprincip unterordnen musste. Denn die Zimmerwände des Privathauses werden doch nicht von jeher den nackten Stein oder rohen Kalk gezeigt haben? Gewiss waren sie seit ganz alten Zeiten, in denen man ja auch die einfachsten Vasen nicht ohne Decoration liess, schon mit Farben angestrichen, und nicht etwa in irgend welcher willkürlicher Weise, sondern nach einem bestimmten Princip, dem einfachsten und natürlichsten von allen, dem architectonischen. Diese Hypothese wird durch die Analogie von Pompeji bewiesen, wo neuerdings Mau auf die Beispiele der ältesten Entwicklungsphase des Decorationsstils aufmerksam gemacht hat. Um mich nachher nicht zu wiederholen, verweise ich hier auf den ersten Abschnitt des nächsten Kapitels und die Tafeln I und II.

Also auch in Griechenland war die architectonische Decoration der Wandfläche von Alters her in Gebrauch. Die alten hölzernen Tafelbilder wurden auf Consolen und Gesimse gestellt, die aus der Wand vorsprangen, oder an die anfangs in Stuck ausgeführten, später gemalten Pilaster geheftet *). Durch das Streben, dem Tafelbild eine künstlerisch befriedigende, selbständige Stellung im Ganzen der Wanddecoration zu verschaffen, ward der Entwicklung der letzteren ein neuer Impuls gegeben. Die grösseren Steinfelder der Wand wurden, nach Massgabe des Tafelbildes, zu Bildfeldern gestaltet, auf denen ersteres befestigt, oder in die es eingelassen wurde. Die Bildung der schmalen Steinfelder mit davor stehender Säule blieb im Princip dieselbe. — Die nächste Entwicklungsphase, auch noch in der Diadochenperiode ausgebildet, beruht darauf, dass man das Tafelbild auf der Wand selbst al fresco ausführte. Minder Wohlhabende mochten zuerst diesen Auskunftsweg gefunden haben. Je geringer die Bedeutung des Tafelbildes geworden war, desto grössere Aufmerksamkeit hatten die architectonischen Gliederungen erfahren, die man so leicht luxuriös ausmalen konnte. An diesen Standpunct knüpft im Grossen und Ganzen die Pompejanische Wandmalerei an, deren specielle Entwicklung unten behandelt werden soll.

4. In der Vasenmalerei nahm der decorative Stil eine analoge Entwicklung. Er findet, wie beim Tempel, der Säule, der Wand, auch bei der Vase eine Basis, ferner den Haupttheil in der Mitte, den leichteren Aufsatz oben. Von diesem Princip ging die ältere Vasenornamentik aus, welche auch nach Art der „Megalographien" vor allem den breiten Mittelraum zu bildlichen Compositionen benutzte. Je mehr die Verehrung für diese Gegenstände höherer Bedeutung abnahm, desto mehr wuchs der Geschmack des

*) Vgl. Helbig, a. a. O. pag. 123.

privaten Lebens für das rein Ornamentale: die Theile der Vase erfahren eine reichhaltigere Gliederung, und ebenso die Bemalung. Die Henkel bestimmen die Haupttheilung des Mittelstücks durch immer reicher werdende Palmetten; das vordere und hintere Feld bleiben zur Aufnahme von Figuren jeglichen Genre's offen; der Hals stellt allen Glanz der Ornamente zur Schau. Wie bei der Wanddecoration in die reich ausgebildete architectonische Gliederung Tafelbilder, die man nicht mehr hatte, eingemalt werden mussten, so blieben am Ende auch auf den Vasen die Figuren als Füllung der von der wuchernden Decoration freigelassenen Räume.

5. Die Verzierung der Decken hielt sich zwischen Stuckrelief, eingesetzten Bildern und Frescomalerei. Von besonderer Art ist die Mosaikbildnerei, welche gleichzeitig mit der Wanddecoration ihre Ausbildung erfuhr. Dem Character der Grundfläche gemäss, ist ihre Ornamentik im Princip rein linear. Die Zeichnung ist genau architectonisch, dem Zimmer entsprechend; die Farben stehen in Beziehung zur Wand. Dann werden auch figürliche Darstellungen eingefügt und meistens als kleines Mittelstück in grossem Felde behandelt. Endlich wächst der Ornamentrand formenreich nach innen; das Mittelbild wird geringer, lässt nur eine Idee zurück, oder verschwindet. Eine Stilentwicklung, analog wie bei der Wanddecoration, ist auch hier erkennbar.

6. Es bleibt noch übrig, der Entwicklung der Einzel-Ornamente zu gedenken. Sie gingen aus den Reliefs hervor (zeigen demnach zuerst mehr flächenartige, dann Liniengebilde), und hielten mit der Ausbildung der Relief-Ornamentik etwa gleichen Schritt. Ein und dasselbe gilt für Wand-, Vasen- und Mosaikornamente. Immerhin erhielten sie ihren Character nach den architectonischen Principien, sind also der Composition durchaus untergeordnet. — In Alexandria bildete sich das Pflanzen- und Thierornament (Arabeske) vielgestaltig aus; darnach scheint die realistische Blumenmalerei beliebter geworden zu sein. Säulen und Candelaber verfallen dem Einfluss der Arabeske und der Pflanze, und schliesslich eröffnet sich auf diesem Gebiete ein wildes phantastisches Spiel, über das schon die alten Schriftsteller klagen. Wir werden auch in Pompeji allen angedeuteten Entwicklungsphasen wieder begegnen.

Drittes Kapitel.

Die pompejanischen Wanddecorationen.

I. Abschnitt.

Die Epochen des Decorationsstils in Pompeji.

1. Man hielt früher die campanischen Wandmalereien für so gleichartig, als ob ein und derselbe Maler sie hätte ausführen können. Erst ganz neuerdings hat Mau *) mit glücklichem Scharfsinn auf die ältesten Formen der Decoration, welche den Grundcharacter des Stils am deutlichsten wiederspiegeln, hingewiesen, und damit der kunsthistorischen Betrachtung die Leuchte vorangetragen. Es ist bei diesen Untersuchungen aber dreierlei wohl zu unterscheiden: erstens, die systematische Entwicklung der verschiedenen Formen; zweitens die historische Folge in der Erfindung derselben auf griechischem Boden, und drittens die Zeit der Ausführung an Ort und Stelle in Pom-

*) Im Giornale degli Scavi (1873) II, p. 386 ss., 439 ss.

peji. Aus der Geschichte der Entstehung dieses Stils ist uns nicht mehr bekannt, als was im vorigen Kapitel angeführt wurde; dazu ist ergänzend zu bemerken, dass auch in anderen Dingen der historische Gang im einzelnen lange nicht immer dem systematischen Zusammenhang folgt. Von beiden ist dann wieder eine Reproduction unabhängig, wie sie in Pompeji vorliegt. Wir haben über deren Zeitverhältnisse eigentlich nur eine Notiz, nämlich dass eine der primitivsten Decorationsformen (s. unten 2, a, b, c) vor dem Jahre 78 v. Chr. ausgeführt worden ist. Die Baugeschichte Pompeji's *) bietet uns auch nur wenige sichere Anhaltspuncte für die Malereien, da dieselben natürlich zum grossen Theil nicht mit dem Hausbau zusammenfallen. Gelegentliche Erneuerungen wurden von verschiedenen Besitzern vorgenommen; das Erdbeben vom Jahre 63 n. Chr. hatte vielerwärts den Wandschmuck zerstört, der nun dem Geschmack des Besitzers oder der Übung des Malers entsprechend in voriger Weise wiederhergestellt oder nach neuer Mode ausgeführt werden konnte. Aus diesem Grunde können uns nicht einmal die neuesten Malereien auch grade die jüngste Stilform bekunden. Dagegen ist als wahrscheinlich anzunehmen, dass die primitiven Decorationsformen (s. unten 2, a, b, c, d) meistens die ältesten der Stadt sind. Denn wenn ihre Ausführung immerhin in eine Zeit fallen mag, in welcher längst die weitere Entwicklung des Stils in den griechischen Ländern stattgefunden hatte, so ist eben zu bedenken, dass der Zusammenhang zwischen Pompejanischer und Alexandrinischer Malerei kein directer war, sondern Mittelglieder, etwa in den griechischen Colonien Unteritaliens, anzunehmen sind, und dadurch der Übergang der ursprünglichen Decorationsweise sich um ein Jahrhundert verlangsamte. Die Beziehungen wurden später (etwa nach 150 v. Chr.) unmittelbarer und rascher; deshalb können die abgeleiteten Stilformen nicht in grossen Zwischenräumen in Pompeji bekannt geworden sein, und ist ihre gleichzeitige Anwendung wahrscheinlich. Für eine beschleunigte Aufnahme alexandrinischer Malerei von einem gewissen Zeitpuncte an spricht auch der Umstand, dass ein Mittelglied jener Entwicklung in den campanischen Städten ganz fehlt, nämlich das hölzerne Tafelbild auf selbständigem Platz innerhalb der Decoration. — Die systematische Entwicklung des Decorationsstils wird durch eine solche Mannigfaltigkeit von Beispielen illustrirt, dass wir in Folgendem eine zusammenhängende Darstellung darüber geben können.

Erste Epoche: Architectonisch-plastische Stilform.

2. Die beiden ältesten Bauperioden Pompeji's, bis zum Jahre 100 v. Chr. etwa, sind durch Anwendung des Quadersteines characterisirt **). Ein durchlaufender, etwas vortretender Sockel bildet das Fundament der Mauer; auf demselben bauen sich, querüber gelegt, die Quadern auf, während dieselben an den Kanten, Thüröffnungen etc. hoch gestellt sind, und dadurch gleichsam Pilaster bilden, die auch manchmal ein wenig heraustreten. Die Fugen liegen etwas tiefer als die Oberfläche der Quadern, indem die Kanten der letzteren entweder schräg abgehauen sind, oder rings um die Steinfläche ein schmaler Rand abgeschliffen ist, beides Manieren wie man sie heutzutage überall angewandt findet. Als Bekrönung der Thüren kommt ein stark vorspringender Stein-Carniess vor, ähnlich wie an Tempeln ornamentirt.

*) Siehe Fiorelli, *Relazione degli scavi dal 1861 al 1872*, p. IX-XIII.

**) Abbildungen bei *Fiorelli*, a. a. O. Tafel XIV-XIX; Overbeck, p. 443 ff.

a. Die **inneren Wände** wurden nun geradeso in **Stuck** ausgeführt; Sockel, Quadern, die nach oben hin immer kleiner werden, Pilaster, Carniess, sind **genaue plastische Nachbildungen der Steinfront des Hauses.** Die Pilaster konnten dann auch Canneluren und Capitäle erhalten, vom Sockel bis zur Decke durchlaufen und Architravsteine tragen, die mit einem zweiten Carniess gekrönt wurden, während das erstere sich mehr oder minder in Mannshöhe erhielt, ganz breit blieb und wahrscheinlich practische Bestimmungen hatte, z. B. Penaten, Gefässe und Tafelbilder zu tragen. Schliesslich konnten noch an verschiedenen Stellen kleine Carniesse und Relief-Leisten eingefügt werden, der Architrav-Stein konnte zum breiten Fries werden, die Pilaster zu Halbsäulen. Die verschiedenen aufgeführten Gliederungen zeigten entweder den feinen weissen Stuck, der in dieser Periode wie Marmor glänzt, **oder wurden mit wenigen Grundfarben bunt bemalt.** Wir finden diese primitivste Decorationsweise besonders noch an 3 Stellen in Pompeji, Reg. VIII, Ins. 1; VI, II, n. 4; VI, XII, 2; obgleich sich hier überall schon abgeleitete Motive mit untermischen.

b. **Späterer Luxus** bekleidete die Steinglieder der Wand, statt mit Stuck, mit **Tafeln mehrfarbigen Marmors,** welche ebenfalls die Structur des Steinbaues getreu wiedergaben. Doch haben wir davon in Pompeji kein Beispiel; wohl aber **Nachahmungen dieser Marmorincrustation in Stuck,** ebenfalls in den 3 genannten Häusern.

c. Eine **dritte Manier** hängt wohl mit dem Character der dritten Bauperiode zusammen. Die Quaderconstruction verschwindet; es tritt an deren Stelle der Bau mit kleinen Tuffsteinen (opus reticulatum), Brockensteinen (o. incertum), und Ziegelsteinen; die Mauer verliert alle Gliederung und muss mit einer **glatten Stuckfläche** überzogen werden. Nur der breite **Stuccocarniess** erhält sich, offenbar wegen eines practischen Zweckes. Jetzt wächst die Aufgabe des Decorationsmalers; er muss lediglich durch Malerei **die alte Wandgliederung nachahmen** Wir erwähnen hier diese Manier noch erst im **Übergangsstadium,** in welchem sie nur in den kleineren Steinen des **oberen** Theiles der Wand auftritt; als solche ist sie in den 2 letzten der oben bezeichneten Häuser vertreten.

d. Der **malerische** Decorationsstil, nachdem ihm einmal das Feld geebnet ist, schreitet nun rascher fort. Erster Grundsatz bleibt ihm die architectonische **Horizontaleintheilung** der Wand in Sockel, Wandfläche und Fries. **Die Verticalgliederung ist demgegenüber von secundärer Bedeutung,** und kann fehlen. Der **Sockel** läuft durch die ganze Wand, oft mit einem unteren Absatz, der sich noch vom Hausteinbau herleitet. Die **Wandfläche** besteht in ihrem **unteren** Theil aus grossen gemalten Steinen, entweder breiteren und schmäleren, letztere eine Erinnerung an die hoch gestellten Quadern (siehe unter a), oder gleich grossen, wo diese Erinnerung aufhört. Statt der alten Halbsäulen in Stucco hat der Maler es in der Hand, **Rundsäulen** zu malen, die natürlicherweise auf die **schmalen** Steine kommen, **vor** denen sie jetzt zu stehen scheinen. Der **Stuccocarniess** bleibt in reichen Häusern und zwar in gewissen Räumen derselben; in anderen Fällen wird er plastisch gemalt oder durch ein linear ornamentirtes, auch wohl einfaches Band, ersetzt. Im **oberen** Theil der Wand begegnen wir oft wieder den niedrigen marmorirten, einfarbigen oder weissen Steinen, deren Lagen häufig durch Carniesse vertretende Bänder unterbrochen werden. Von **Architrav und Fries-Ornamentik** ist an diesen leichter zerbröckelnden Wänden fast nichts erhalten. Die soeben beschriebene Decorationsmanier wird von *Tafel I* und dem Muster *links auf Tafel II* repräsentirt.

e. Das letzterwähnte Beispiel, in dem die Säulenstructur fehlt, leitet uns zu der Weise über, wie die grösste Masse von Stuben geringer Häuser decorirt sind. Die obere Hälfte der Wandfläche wird zum hellen breiten Streifen, dessen leichte Steine sich entweder in einige horizontale Liniengebilde auflösen oder verschwinden; die grossen Steine darunter werden zu verschieden gefärbten Rechtecken, dann zu linearen Rechtecken auf einfarbigem Grunde, endlich zu bloss verticaler Linientheilung auf farbigem oder weissem Grunde. Weiter geht dann aber die eigentliche Wanddecoration nicht zurück. Eine Linie, die einen Sockel abschneidet, eine zweite, welche die Mittelwand gegen den oberen Streifen begrenzt, einige Verticallinien in ersterer, und das alles auf ganz weissem oder einfarbigem Grunde, bleiben das mindeste Kennzeichen des Decorationsstils. Wo kein Sockel mehr ist, hört schon das Princip auf; wo alle Linien von der farbigen Wand verschwinden, sind wir bei der blossen Austreicherei angekommen.

Es ist bemerkenswerth, dass alle denkbaren Combinationen der unter d) und e) erwähnten Compositionsmotive, sowie im Wechsel aller Grundfarben, sich in Pompeji vorfinden.

Zweite Epoche: Architectonisch-malerische Stilform.

3. *a.* Wir knüpfen für die systematische Entwicklung bei 2.d. wieder an. Die Säulen werden schlank und stab- oder candelaberartig (Taf. III, II); der Pilasterstein vor dem sie stehen, wird zum meist schwarzen Hintergrund (Taf. III und II). Der Sockel nimmt den Säulenstellungen entsprechende Verticallinien auf (Taf. II, III, IV, V). Die Wandfläche steigt einfarbig bis hoch zum Architrav empor (T. II; St. II,1); der Carniess bleibt in bemaltem Stuck (St. II,1), oder als malerisches Band, welches noch an die alte Bestimmung erinnert (T. III, IV); eine ähnliche Gestaltung zeigt der Architrav (T. III). Die Wandfelder haben in umlaufendem Rechteck lineare Ornamente (T. II, rechts; IV, St. II,1); vor allem aber nehmen sie in ihre Mitte Figuren (T. II, III, IV) oder ihrer Grösse entsprechende Bilder auf. Wir bezeichnen *Tafel III* als Beispiel dieser Entwicklungsstufe.

b. Eine wichtige Fortbildung liegt darin, dass durch den mächtigen Einfluss des Carniesses die Wandfläche in Mittelwand und Oberwand zerfällt. Die Säule reicht nur noch bis zum Carniess; der Architrav wird zum blossen Carniesstreifen. In lauter schon erwähnten Motiven ausgeprägt finden wir dieses Stadium am einfachsten auf *Tafel II rechts* vertreten. Am vollkommensten ist diese Wandtheilung in dem Zimmer erhalten, aus welchem Taf. VIII die Mittelwand wiedergibt.

Die Felder der Mittelwand erscheinen nun schon in mehreren Farben, die entweder auf gleich grossen Feldern (analog Taf. II links) abwechseln (St. II,6), oder, nach Analogie von Taf. I, II rechts und III, Felder und Zwischenfelder andeuten (Taf. IV, V). Die Oberwand hat meist weissen Grund (Taf. IV. St. II,6; aber Taf. V u. VIII); seltener ist sie von gleicher Farbe wie die Mittelwand (St. II,4), was auf die 2a beschriebenen Wände zurückgreift. Oft ist noch der Steinbau nachgeahmt (wie Taf. II rechts); lineare und farbige Rechtecke (Taf. IV) sind ebenfalls auf denselben zurückzuführen. Doch tritt hier schon das Streben hervor, die Liniengebilde zu Architecturformen zu entfalten, wie nacheinander bei St. II, 4, 6 und Tafel IV (ähnlich ist die Oberwand von Taf. V) zu erkennen ist.

Jetzt ist der Ort, von der Einfügung des Tafelbildes zu sprechen, welche auch wohl in der unter 3a behandelten Composition einzeln vorgekommen sein kann. Natürlicher aber ist die Annahme, dass durch die Dimensionen des Tafelbildes erst die Bildung einer enger begrenzten Mittelwand befördert wurde. Es sollte das Mittelfeld ausfüllen, und dieses musste desshalb durch ein Herabdrücken seiner Höhe die richtige Form erhalten. Auf Tafel IV und V ist es immer noch ein bischen zu hoch, obgleich der Maler auf Tafel IV sein Bild schon gestreckt hat. Die Säulen zu beiden Seiten verbinden sich mit einem (von jeher zu ihnen gehörenden) Architrav leicht zu einem Rahmen, der Tempelarchitectur nachahmt, wie auf den *Tafeln IV und V*, welche überhaupt als Beispiele für die soeben characterisirte Stilform dienen sollen.

Der Gesammt-Character der Decoration der zweiten Epoche ist noch ein architectonischer, wie in der ersten, insofern die Fläche noch immer die massive Mauer repräsentirt, und die malerische Gliederung der innersten Structur derselben entspricht. Der ersten Epoche gegenüber kommt die auf freier Fläche sich bewegende malerische Kunst zur Geltung. Ich habe so kurzweg für mich die bezeichnenden Ausdrücke: bei der ersten Epoche „Quadersteinwände", bei der zweiten „dichte Wände", im Gegensatz zur dritten, „geöffnete Wände"; die vierte hat „absolute Architecturmalerei". Was die Zeit der Anwendung anbetrifft, so hat die Stilform der zweiten Epoche wohl zwei Auflagen erlebt: unsere Beispiele Tafel III, IV u. V gehören älteren und reichen Häusern an, während eine Wiederholung mit jüngeren Attributen (vgl. St. II, 4. 6. III, 7) auch in einfachen Bürgerwohnungen auftritt. Der ersteren Kategorie ist es eigenthümlich, dass die Hauptgemälde für ein ganzes Wandfeld bestimmt sind, oder umgekehrt dieses für sie, und als interessant sei ferner bemerkt, dass diese Bilder specifisch hellenistisch, ja ägyptisirend sind, wofür man besonders das letzte Zimmer links im Peristyl Reg. V, Ins. I, n. 18 vergleichen wolle, wo sich die griechischen Inschriften auf den Bildern finden.

Dritte Epoche: Malerische Architecter-Durchbrechung.

4. *a.* Die nächste Entwicklung bringt gleichzeitig zwei Eigenthümlichkeiten hervor, die in causalem Zusammenhang stehen: Ausbildung der architectonischen Zwischenglieder, Einschränkung des Tafelbildes. Letzteres wird immer kleiner und zierlicher *), so dass man aus diesem Moment möglicherweise die Zeit der Ausführung ableiten könnte. Ob dies in der Natur der späteren wirklichen Cabinetsbilder begründet lag, oder ob die Rücksicht auf kleinere Zimmer eine Reducirung des Massstabes veranlasste, wage ich nicht zu entscheiden. Es kann auch ein malerisches Interesse, den Effect des Bildes durch einen grösseren Untergrund zu heben, mitgewirkt haben; nur bestreite ich, dass eine gewissermassen perspectivische Erweiterung der Räume von den alten Malern damit beabsichtigt gewesen sei, wie man öfter angeführt findet. Die Dimensionen eines Bildes waren sicherlich vielmals mit der Gliederung der Wandfläche nicht leicht in Einklang zu bringen (vgl. Taf. IV, V, IX), aber eine blosse Verkleinerung wäre

*) Ein Mittelstadium auf Taf. IX.

dadurch noch nicht gerechtfertigt gewesen. Wenn ich in Pompeji umherwandele, und immer auf's neue die künstlerischen Maasse gewahre, in welchen die Alten ihre Bilder innerhalb des Wandfeldes anbrachten (und vielleicht deren Dimensionen vorher abänderten), so wünsche ich oft, dass solche Männer zum Aufhängen neuerer Bilder wiederkommen möchten —. Beiläufig sei hier bemerkt, dass in der Umrahmung dieser kleinen Tafelbilder meistens Licht- und Schattenkanten gemalt sind, was bei den grösseren Bildern der vorigen Epoche nicht vorkommt *).

Von weittragender Bedeutung wird jetzt aber die Ausbildung der architectonischen Zwischenglieder der Wand. Hier setzt die Architecturmalerei ein, die nicht, wie man gewöhnlich annimmt, das erstgeborne Lieblingskind der Decorationsmalerei ist, sondern die sich schüchtern und allmälig aus den vorangegangenen Formen entwickelt. Man vergleiche Tafel VII mit den Beispielen aus der vorigen Epoche St. II, 4, und weiter mit Tafel II rechts, so hat man die ganze Abfolge vor Augen. Der Untergrund des Candelabers oder der Säule, das ist wieder der Pilasterstein der ersten Epoche, öffnet sich zu freiem Durchblick. Ein kühner Sprung der Kunst, und je weniger architectonisch motivirt, desto mehr für den malerischen Fortschritt, in dem wir jetzt stehen, bezeichnend. Aber, wo überhaupt die Compositionsmotive aus der vorigen Epoche Geltung behalten, da muss auch dieses neue malerische Gebilde noch zeigen, dass es der Idee nach den Pilaster in der Mauer vertreten soll. Eine markirte Basis characterisirt auf Tafel VIII (und ferner T. VII, X, St. I, 3; III, 2) die Bedeutung auch des Oberbaues als Pfeilerglied der Wand. Letzterer kann nun die reichste Architecturzeichnung entwickeln (T. VIII), aber er zeigt einstweilen noch mächtige Stützen, um die über ihm ruhende Mauer nicht einstürzen zu lassen. Diese Construction erweitert in Wahrheit die Enge des Zimmers durch einen Ausblick; wir können sagen, sie vertritt die Stelle des Fensters. Die Mauer dazwischen bleibt hingegen massiv wie vorher. Der Carniess ist noch oft in Stucco ausgeführt, wie in den früheren Epochen; nur ist seine Oberfläche nicht mehr horizontal, sondern schräg aufsteigend. *Tafel VII und VIII* sind bestimmt, den jetzt vorgeführten Standpunct zu characterisiren.

b. Tafel IX und X zeigen eine leichte Weiterbildung: der Carniess wird übersprungen (T. IX) oder durchbrochen (T. X), indem die Pfeilerarchitectur mit der Oberwand in Verbindung tritt; die Idee des Fensters hört damit auf. Der Unterschied zwischen beiden Tafeln ist immerhin ein erheblicher: auf ersterer sehen wir kräftig stützendes Zimmerwerk, dazwischen massive Wandfelder, die nach alter Manier verschieden gefärbt sind; auf der Xten Tafel endigt die Architectur malerisch frei in der Luft, und die einfarbige Wand steht schon zu der folgenden Epoche in Beziehung. Man vergleiche die äusserlich ganz ähnliche Wand St. III, 2, welche um einen Grad in der Entwicklung zurück liegt, da sie die Carniess-Linie noch respectirt. Schliesslich sei hier bemerkt, dass Man die Nachahmung von Marmor als Sockelbekleidung für ein Zeichen historisch später Ausführung der Wanddecoration hält.

Vierte Epoche: Architecturmalerei.

5. *a.* Diese letzte Decorationsweise erhält einen rein malerischen Character, indem die ganze Wand durch Wegfallen des Carniess und einfarbigen Grund

*) Auf Tafel IX und XI hätte unsere Nachbildung dies zur Anschauung bringen sollen.

als einheitliche Fläche behandelt wird. Nur der Sockel bleibt als architectonischer Rest übrig. Es gehören hieher die zahlreichen Wände mit weissem Stuckgrund (vgl. St. III, 9), sowie die bekannten schwarzen Wände (St. I, 5); einzeln kommt auch rother und gelber Grund vor (Taf. XI). Die unter 4. b erwähnte Tafel X bildet wegen ihrer gleichfarbigen Wandfelder einen Übergang zu der neuen Stilform.

Die Malerei schafft nun auf ihrer Fläche in reichsten Variationen Architecturzeichnungen (vgl. St. I, 5; III, 9), die auf den ersten Blick den Malereien der vorigen Epochen ähnlich sehen mögen, die aber in Wahrheit eine malerische Reproduction der dort noch architectonisch motivirten Formen sind. Eine Vergleichung von *Tafel XI* *) mit Tafel VIII beweist dies schlagend. Kleine Tafelbilder und schwebende Figuren schmücken diejenigen freien Räume, welche den früheren massiven Wandfeldern entsprechen. Wir sehen, wie die Entwicklung des Stils ihren Kreislauf vollendet hat: zuerst wurden die Theile der Mauer selbst von der Malerei geschmückt; die architectonische Gliederung lag nur in der Composition angedeutet, und trat dann mehr und mehr malerisch hervor; am Schluss figurirt die Wand nur als Untergrund, wie es auch die Leinwand thun könnte, und in der Architecturzeichnung liegt eben die ganze Decoration. Es ist natürlich, dass die vielbewunderte enorme Mannigfaltigkeit der pompejanischen Decorationen erst in diesem Stadium der Entwicklung möglich geworden ist.

b. Von neuen Formen kann nun wohl nicht mehr die Rede sein. Man nehme aber *Tafel XII* zur Hand und sehe eins von den vielen Beispielen, in denen die Architecturmalerei alle früheren Erinnerungen verliert, phantastisch frei wird, die ganze Wand mit Säulenwerk und Balustraden anfüllt, so dass zwischen diesen auf-und in-einander gebauten Hallen kaum noch ein Hintergrund durchschimmert. Wohl könnte diese Ausartung als der antike Barockstil bezeichnet werden.

Anhang.

6. *a.* Die Decken der öffentlichen und Privatgebäude müssen zum grössten Theil von Holz gewesen sein; doch sind nicht einmal die erhaltenen Gewölbe so selten, wie Overbeck pag. 449 meint. Alle Ornamentirung beruhte auch hier ursprünglich auf dem architectonischen Princip. Die sich kreuzenden und so viereckige Felder bildenden Balken wurden in Stuck ausgeprägt, dann bloss gemalt; in gleicher Weise schmückten sich die Felder mit allerlei Figuren und Rosetten **). Für das Tonnengewölbe scheinen mir die Rippen im Caldarium der kleineren Thermen ***) die ursprünglichste Ornamentik darzustellen; darnach construirte man auch entsprechende Felder, deren Reliefs bemalt wurden, wovon herrliche Beispiele im Vorzimmer des Frauenbades der grösseren und im Tepidarium der kleineren Thermen erhalten sind. Endlich konnten kleine Tafelbilder in die Cassetten eingesetzt, oder al fresco nachgeahmt werden ****). Alle diese Deckendecorationen würden mit der Wandmalerei der ersten und zweiten Epoche auf einer Linie stehen.

b. Die in Privathäusern erhaltenen Gewölbe zeigen einen glatten Stuckü-

*) Hier ist sogar das Tafelbild von dem malerischen Gedanken verschlungen worden.

**) Siehe eine Decke aus Stabiae im Museum Neapolit. Abth. LXXV. Vgl. auch die Abbildungen *Mon. dell' Inst.* VII, 48. 49.

***) Abbildung bei Overbeck p. 186.

****) Helbig. a. a. O. pag. 132 ss.

berzug und eine Bemalung in linearer Composition, welche die gleiche Freiheit wie in der vierten Epoche der Wanddecoration zu Tage treten lässt. Die Gruppirung der Liniengebilde um ein Centrum ist für das Tonnengewölbe offenbar ein Abweichen vom architectonischen Princip zu Gunsten des malerischen, welches in glücklichen Zeichnungen vom Kreis zum Quadrat und Rechteck sich entfaltet. Ausser der auf unserer *Tafel XIII* copirten Decke existiren noch zwei beachtenswerthe in Pompeji, an der Gräberstrasse links n. 24 und Reg. VII, Ins. III, n. 21, welche beiden Niccolini publicirt hat.

7. Die Composition der Gartenwände ist hier mit einigen Worten zu besprechen, obgleich die betreffenden *Tafeln XXII, XXIII u. XXIV* an den Schluss des Werkes gestellt sind. Diese Gattung der Wandmalereien ist nämlich von allen übrigen dadurch verschieden, dass sie specifisch römischer Natur ist; sie wird von Plinius auf einen Decorationsmaler der augusteischen Zeit, Tadius, zurückgeführt *). Dieser malte Park- und Gartenanlagen mit Statuen, Fontänen, Vögeln und realistischen Staffagefiguren. Auf Tafel XXII, XXIII in den Seitenabtheilungen, XXIV in der Abtheilung rechts erkennen wir seine Manier. Dagegen ist das grossartige, ideal gehaltene Orpheusbild entschieden auf ein hellenistisches Original zurückzuführen, und ebenso möchte ich zweifeln, ob alle Jagd- und Thierstücke in Pompeji ganz römisch sind **).

Die Hausgärten in Pompeji haben in der Regel eine oder zwei Wände, an denen das Peristyl sich hinläuft, und hier wird die Decoration angebracht, die in naturalistischer Weise dem Gärtchen entspricht, und dieses durch solche Prospective gewissermassen ideel erweitert. Viel malerische Schönheit liegt in der Regel in diesen Veduten nicht ***), höchstens realistische Anmuth. Aber auf ein architectonisches Princip, das sich auch hier in verschiedener Weise geltend macht, möchte ich hinweisen. Zuerst erwähne ich die Sockelmauer (vgl. besonders T. XXIII), welche nach Art der aufgemauerten Einfassung behandelt ist, in welcher die Pflanzen stehen. Dann wolle man den schönen Aufbau der Statuen und Bäume auf Taf. XXII bemerken, und ähnliche Wirkung mach. die Figur des Orpheus, so unorganisch sich auch hier die Seitenabtheilungen einfügen. Auf der letzten Tafel endlich haben wir beinahe wieder eine Wandcomposition der zweiten Epoche, bei welcher noch dazu (ein seltener Fall), der Architrav gut erhalten ist. Die beiden letzteren Wandbilder befinden sich in den gleichen Häusern, aus welchen die Tafeln I bis IV entnommen sind.

II. Abschnitt.

Farbengebung und Ornamentzeichnung.

8.a. Die ältesten und verbreitetsten Farben in Pompeji sind roth und gelb. Sie färben abwechselnd die Quadersteine der ersten Epoche, und analoger Weise die massiven Wandfelder durch die ganze zweite und dritte Epoche hin, indem das Mittelfeld in einer Farbe, die Seitenfelder in der anderen erscheinen. Die architectonischen Zwischenfelder aber, wie sie sich in den drei ersten Epochen entwickeln, zeigen andere Farben, schwarz, weiss, braun etc. In den zahllosen einfachen Häusern, auf die wir unter 2. c dieses Kapitels hindeuteten, sind auch roth und gelb vorherrschend, indem

*) Vgl. Helbig, a. a. O. cap. XII u. XXIV. Helbig, *Wandgemälde Campaniens* pag. 385 ss.
**) Helbig, a. a. O. p. 311.
***) Unsere Tafeln bringen zufällig zwei gediegenere Bilder.

sie entweder felderweis abwechseln oder eine von ihnen die ganzen Wände bedeckt. Sie müssen demnach wohl die billigsten und zum Anstreichen grösserer Flächen am besten geeigneten Farben gewesen sein. — Die ordinärste Farbe war freilich rothbraun. Sie findet sich überall in den geringsten Räumen der Häuser verwendet; in feineren Mischungen fallen ihr aber so mannigfaltige Aufgaben zu, dass sie für Pompeji characteristisch ist und wohl die Bezeichnung „Pompeji-braun" verdient. — Neben den genannten Farben und ihren Mischungen ist auch schwarz ziemlich verbreitet; doch kommen blau, grün, violett, zinnober und ein besonderes weiss, meist nur in feineren Häusern vor.

b. Ich traue mir nicht zu, im einzelnen über die Farbenharmonie der Alten zu sprechen; es wäre eine schöne Aufgabe für einen Maler, dieser Materie ein gründliches Studium zu widmen. Doch will ich einige Bemerkungen hier anfügen. — Farbenzusammenstellungen können entweder Harmonie, oder Nicht-Harmonie, oder Disharmonie, mit allen dazwischenliegenden Graden, bilden. Nun sind in Pompeji nur harmonirende Farben unmittelbar neben- oder übereinandergelegt; disharmonirende werden immer durch die neutrale weisse Linie getrennt, bei nicht-harmonirenden tritt nach den Umständen weiss dazwischen oder nicht. Diese weisse Linie spielt in der pompejanischen Farbenharmonie eine grosse Rolle; leider haben aber unsere Tafeln lange nicht deren Feinheiten alle wiedergegeben. Man bemerke indess die characteristischen Streifen an den Zwischenfeldern herab, z. B. Taf. II rechts, Taf. III, die weissen Linien zwischen den rothen und grünen Wandfeldern Taf. IV, endlich wie schwarz gegen die meisten Farben feindlich auftritt, Taf. V.

c. Ausser der Neutralisirung durch weiss sind die Übergänge von grosser Bedeutung; sie können durch eine dritte Farbe vermittelt oder durch das auf's höchste ausgebildete, ungemein interessante Verschränken bewerkstelligt werden. Auf Taf. III treten in den erwähnten Streifen braune Punkte zwischen gelb und schwarz; Taf. II rothe zwischen roth und schwarz; Taf. V violette zwischen zinnober und schwarz. In der Mittelwand Taf. IV haben wir als Hauptfarben gelb, roth, grün; nun läuft in den grünen Feldern eine gelbe Linie um, in welche rothe Punkte treten; die gelbe Landschaft wird mit grün und roth ausgezeichnet. Auf Taf. II ist der Candelaber gelb mit roth, die Wandfelder roth mit gelb. Doch ich muss hier abbrechen, da ein wirkliches Eintreten in dieses Gebiet unendlich weit fortziehen könnte.

d. Mit diesen, wenn auch glücklichen Mitteln, allein hätte indess die Wandmalerei nicht zum Ziele kommen können. Das wahre Geheimniss liegt im Zertheilen und Gruppiren: in der Composition des Ganzen muss ein Princip der Farbenharmonie gesucht werden. Die Differenz zwischen den Farben grün und roth auf Tafel IV z. B. lässt sich durch kein specielles Mittel ausgleichen. Der Maler aber weiss durch das sechsmal in der Oberwand berechneter Weise angebrachte Roth die 4 rothen Zwischenfelder der Mittelwand hinaufzuziehen, sie zu Gliedern einer Farbengruppe zu machen und dadurch das Grün von ihrem Druck zu entlasten. In secundärer Weise muss auch der braune Sockel helfend eintreten, der dem rothen Bau die Basis gibt, und zugleich einem braunen Zwischenbau, welcher sich aus dem Carniess und der Architectur der Oberwand fügt. Die schweren grünen Felder haben auf der ganzen Wand ihre Beziehungen zerstreut, im Sockel, in der Landschaft, in der Oberwand, wobei die zwei grünen Mittelstücke, welche den Carniess durchbrechen, nicht ohne Bedeutung sind.

Das Gelb ruht im Sockel unter den rothen Zwischenfeldern, steht dann im Centrum von roth und grün, erhebt sich endlich in der Oberwand zwischen das Roth und über das Grün. So haben wir auf dieser Tafel vier Haupt-Farbensysteme, die in einander geschlungen sind; durch die Cohärenz, die ein jedes in sich hat, wird die Empfindung der Differenz der Farben abgelenkt, schliesslich aufgelöst. Dies ist der Grund, warum selbst Malereien, wie die vorliegende, nicht den Eindruck des unschön Bunten machen. Aehnliche Gruppirungen treten häufig hervor; so besonders auf Tafel VII das rothe, das gelbe, das grüne, und sogar ein blaues System; Taf. V zinnober und schwarz; Taf. XII gelb, grün und blau. Um diese Farbenwirkung zu empfinden, wolle man die Malereien aus der geeigneten Distanz betrachten.

e. Es ist unmöglich, durch unmittelbare Anschauung zu einem Verständniss der antiken Farbengebung zu gelangen, denn (abgesehen von der Veränderung, welche die Farben an der Luft erleiden) sehen wir sie jetzt unter freiem Himmel. Wir haben uns deshalb in jedem einzelnen Falle die ungefähre Höhe des Zimmers, die Weite und Höhe der Thür, sowie die Lage der letzteren nach der Himmelsgegend zu vergegenwärtigen und darnach unsere Anschauung zu rectificiren. Da in Pompeji mehrere Räume bei der Ausgrabung überdacht worden sind, so finden wir dort die Möglichkeit einer Übung in solchen Farben-Schätzungen. Wie sich das Verhältniss bei künstlicher Beleuchtung, auf welche viele Zimmer offenbar angewiesen waren, gestalten würde, habe ich noch nicht durch Versuche ermittelt.

f. Das letzte, was ich über die Farbengebung hier sagen wollte, hängt mit der architectonischen Composition zusammen. Im allgemeinen ist das Princip vorherrschend, die Farben von unten nach oben heller werden zu lassen. Dies ist in der Hauptsache jedenfalls architectonisch begründet, um das Leichterwerden der Mauer anzudeuten; doch mag der so häufig vorkommende weisse Grund des Oberwand-Streifens wohl auf einen Lichteffect in dem dunklen Zimmer berechnet sein. Eine beabsichtigte Illusion, nämlich den Raum durch Farbe und Zeichnung der Oberwand höher erscheinen zu lassen als er ist, vermag ich nicht wahrzunehmen noch zu verstehen, da die Zimmer in Pompeji eigentlich alle im Verhältniss zum Grundriss nicht niedrig, viele sogar recht hoch sind. — Der Sockel ist in der ältesten Stilform oft noch in hellen Farben, wie die Mittelwand, gehalten, da er die gleichen Steine nachbildet; nur der untere Absatz ist in der Regel durchlaufend schwarz. In den drei anderen Epochen ist er indessen entschieden dunkel, meistens braun oder schwarz, bis zuletzt eine Nachahmung von Marmorbekleidung auftritt (Taf. X, XII). Die Mittelwand wird meist in kräftigen Farben gemalt, roth, gelb, rothbraun; in den späteren Epochen werden auch leichtere Farben beliebt, blau, zinnober und grün; endlich in der letzten Epoche haben wir sowohl weisse wie schwarze Wände. Die Oberwand zeigt sich in gelb und roth, aber am häufigsten weiss. — Auch in den einzelnen architectonischen Gliedern können wir eine gleiche Farbenscala verfolgen. Die Säulen auf Taf. I. z. B. haben dunklere Basis, kräftig gefärbten Schaft und helles Capitäl. Die Architectur-Durchbrechungen ruhen meistens auf dunklerer Basis (Taf. VIII, IX, X, XXI); auf Tafel XI tritt das Schwarze sogar lediglich zur Kräftigung der Pfeilerbasen ein. Innerhalb der Oberwand findet sich in der Regel kein Aufsteigen der Farbenscala, es herrschen vielmehr das Nebeneinander der Farben und die Linieneffecte (vgl. Taf. XI).

9. In Betreff der Ornamentik will ich mich hier um so mehr beschränken, als die

Tafeln ein reiches und sprechendes Material bieten. Es kommt hauptsächlich darauf an, einige Gesichtspuncte für den Überblick der Entwicklung zu fixiren.

a. Bemalte Säulen und Reliefs waren sicherlich diejenigen ornamentalen Gegenstände, welche zuerst in die eigentliche Malerei übergingen. Der Character der ältesten Ornamentik ist deshalb plastisch, mindestens reliefartig, und wird daraus leicht flächenartig. Man vergleiche die Säulen, Candelaber und sonstigen Ornamentgegenstände auf den Tafeln I bis IV, und vor allem die zur Wand V gehörigen Ornamente auf *Tafel VI.* Pflanzen- und Thierformen, welche den Ursprung der Ornamentik überhaupt bilden, sind hier noch individuell ausgeprägt. In der Anordnung herrscht die gerade Linie, wie sie der Wandcomposition in der ersten und zweiten Epoche allein angemessen ist.

b. Den nächsten Fortschritt in der malerischen Entwicklung bezeichnet das Linien-Ornament. Man erkennt schon auf Tafel VI (und weiter ist dies auf den Tafeln III, IV, VIII über dem Sockel, zu vergleichen), wie es sich aus dem Flächen-Ornament loslöst, um darnach selbständig zu werden. Eben dieser Ursprung bringt es mit sich, dass die krummlinigen Gebilde den geradlinigen vorangehen. Es wäre eine Täuschung, anzunehmen, dass so ganz einfache geradlinige Verzierungen, wie z. B. im Sockel von Taf. VII, auch die ursprünglichsten seien *). In der Composition der Ornamente erhält sich freilich immer noch die grade Linie, besonders das Rechteck auf den Wandfeldern, durch die ganze dritte Epoche hin, in welcher diese erste Stufe der Linearornamentik sich viel angewandt findet. Auch die Säulen, Stäbe und Candelaber der Tafeln III, IV, XVIII tragen einen verwandten Character.

c. Wir müssen auf die älteren Ornamente zurückgehen, um die Abkunft einer neuen Stilform zu erklären, welche bis auf den heutigen Tag auf die Ornamentik bestimmenden Einfluss geübt hat. Das stilistische Grundprincip bleibt dasselbe wie von Anfang an: Pflanzen- und Thier-Typen wiederzugeben und phantastisch auszubilden. Die Mittel zur reichen Entwicklung dieses Princips wurden erst durch die Ausbildung der Linear-Ornamentik geboten. So entstand die ornamentale Stilform, auf welche wir das Wort Arabeske anwenden. Hier finden wir nun die vollkommenste Verbindung von flächenmässig gemalten, phantastisch, ja bizarr gebildeten Figuren mit einer Linienornamentik, deren genialer Formenreichthum nicht zu beschreiben ist, die aber endlich auch in eine Ausartung hineingeräth, dass man von Rococo sprechen könnte. Es ist natürlich unmöglich, in meiner Darstellung einzelnes aus dieser Entwicklung auch nur zu berühren; ich verweise speciell auf die *Tafeln XV, XVII, XVIII, XIX in der Mitte, XX oben, XXI oben;* und für die entsprechenden Säulen- und Candelaberformen nochmals auf *Taf. XV u. XVII.*

d. Soweit wäre die gewissermassen idealistische Richtung der Ornamentik vorgeführt worden; jetzt kommt das realistische Moment in dieselbe hinein. Innerhalb der Arabesken Taf. XIX und XX erblicken wir der Wirklichkeit entlehnte Thiere und Menschenfiguren; die Köpfe XIX, XX, XXI zeigen (im Gegensatz zu XVII) einen entschieden realistischen, ja porträtartigen Ausdruck (auf Taf. XVIII). Vor allem aber ist es die Blumenmalerei, die von einem gewissen Zeitpunct an eifrig cultivirt wurde, und die einen entschiedenen Gegensatz gegen das alte Pflanzenornament darstellt. Beispiele

*) Das geradlinige Mäander-Ornament scheint aus ganz alter Zeit zu stammen.

finden sich besonders auf den *Tafeln XVI, XIX, XXI.* Zur Vergleichung mit dem Kopf auf letzterer möchte ich nochmals Taf. XVII anführen, um das Wesen dieser und der unter c) behandelten Stilform zu characterisiren. — Schliesslich sei noch erwähnt, dass durch die Blumenmalerei die gebogenen Linien in die ornamentale Composition eingeführt werden (vgl. Taf. VII, St. III, 7).

e. Die decorativ angebrachten Figuren, soweit sie unmittelbar mit der Ornamentation zusammenhängen ohne in dieselbe verflochten zu sein, sind kunsthistorisch schwer zu gruppiren. Bei grösster Mannigfaltigkeit des Gegenstandes bietet ihre Behandlung nur unbedeutende characteristische Verschiedenheiten. Ihre Ausführung ist meistens phantastisch ideal gehalten, wie z. B. die häufig vorkommenden Seethiere (T. VII, IX, XI, XVI), oder Vögel (IX), oder die Masken (XI, XV), oder Amoretten und Genien (IX, XV); es kommen aber auch realistische Gestalten aller Art vor, wie die Aegypter Taf. IV, der Jüngling im Sockel VII, die Brunnenstatuen XXII, ein Vogel auf der Guirlande IX etc. — Pflanzen, die realistisch und selbständig auftreten, befinden sich meistens im Sockel, wo sie zu wurzeln scheinen.

f. Eine uns anheimelnde, in Pompeji aber seltene Ornamentik, liegt auf *Tafel XIV* vor. Es sind über eine ganze Fläche regelmässig wiederkehrende, „tapetenartige" Ornamente, wie wir ähnliches bei der Deckenzeichnung (oben 6 a) schon fanden. Und in der That stellt das obere Muster eine Oberwand dar (die ganze Wand bei St. III, 7 abgebildet), ist also wahrscheinlich unter dem Einfluss der Decke entstanden. Dagegen sehen wir auf der unteren Hälfte der Tafel eine wirkliche Mittelwand-„Tapete". Ich meine noch einiges ähnliche in Pompeji gesehen zu haben, doch wüsste ich's jetzt kaum wieder zu finden.

g. Die Bemalung der Stuckcarniesse darf wohl nicht ganz übergangen werden. Von den älteren, breiten, welche für die Wandcomposition so characteristisch sind (s. oben Abschn. I), ist wenig unversehrt erhalten. Dagegen findet sich eine grosse Zahl von schmalen Stuckcarniessen an jüngeren Wänden; dieselben springen nur sehr wenig vor und haben flaches Relief. Ihre Bestimmung ist eine lediglich ornamentale, entweder an gleicher Stelle wo die früheren Gesimse sich befanden, oder als oberster Abschluss der Wand statt des Architravs, (Taf. IX, X). Die flachen Stellen sind bemalt, meist abwechselnd roth und blau; das Hautrelief bleibt weiss; doch finden sich auch complicirtere Modelle. Man sieht in den Häusern Reg. IX, Ins. I, n. 20 u. 22 eine Menge beisammen, von denen einige bei St. I, 10, freilich mangelhaft, copirt sind. Unsere Tafel XIII gibt in einfacher, aber auch ungenügender Weise, die Stuckcarniesse wieder, welche die Wände von dem aufliegenden Tonnengewölbe trennen.

III. Abschnitt.

Zusammenfassendes.

10. Es ist jetzt der Zusammenhang der Einzel-Ornamente und des Colorits mit den Stilformen der Composition näher ins Auge zu fassen, und vielleicht wird es möglich, darauf Schlüsse für die Ausführungszeit der Decorationen zu bauen.

a. Wo die Malerei nur erst mit den plastischen Wandgliedern in Verbindung steht, bedient sie sich der einfachsten Farben, deren Harmonie äusserst primitiv ist; eine Ornamentzeichnung fehlt ganz und gar; so dass aus allen diesen Momenten zusammengenommen die Decoration der Basilika (oben 2 a. b.) als die älteste erscheint. Nicht viel jünger brauchten dann die beiden Häuser Reg. VI, Ins. II, n. 4 und VI, XII, 2 zu sein, da nur geringe malerische Fortschritte vorliegen (2. a. b. c); aber dennoch möchte ich für das letztere aus dessen Baugeschichte schliessen, dass die Decoration auch noch in späterer Zeit gleichartig fortgeführt wurde.

Die unter 2 d characterisirten Wände zeigen schon ein viel weiter gediehenes Verständniss für Farbenwirkung, und mannigfache Ornamente, die mit den Producten einer ausgebildeten Zeichenkunst übereinzustimmen scheinen; aber gerade die bei aufmerksamer Betrachtung sich herausstellenden Verschiedenheiten, sowie der Mangel einer Farbenscala, führen zu dem Ergebniss, dass die erhaltenen Muster dieser Decoration ebenfalls in früher Zeit ausgeführt sind. Ich erkenne z. B. auf *Taf. I u. II. links* als solche Symptome die reliefartig starr gezeichneten Blumengewinde, die noch mit plastischem Effect ausgestatteten Linien-Ornamente der Oberwand, endlich den realistisch gemalten Zahnschnitt-Carniess. — Der für das Alter der Wände erster Stilform gezogene Schluss wird durch das Datum der Basilika (s. p. 11) und den Umstand bestätigt, dass manche dieser Decorationen sich übertüncht und durch andere Malereien ersetzt finden.

b. Die Wand *Taf. V.* wird durch ihre auf *Taf. VI* detaillirten Ornamente entschieden als einer alten Kunstübung angehörig bekundet; die scharfe Farbencombination weist auf das gleiche hin. Ziemlich gleichzeitig kann *Tafel IV* wegen Farben und Ornamenten sein; die Pflanzen im Sockel sind nicht dagegen anzuführen, da sie hier eine individuelle (ägyptisirende) Beziehung haben. Ich möchte solche Wände wie IV und V (s. oben 3 b) archaistisch nennen.

Tafel III (oben 3 a) und *Taf II rechts* zeigen feiner entwickelte Ornamente und weichere Farbenharmonie, ohne dass weit ausgebildete Verhältnisse sich geltend machen; sie sind deshalb einer älteren Zeit zuzuweisen. Die hingegen auf Seite 14 als jünger bezeichneten Wände der zweiten Stilform erweisen sich als solche durch Arabesken, Blumenornamente und eine vollkommene Farbenscala in ihrer Composition. — Die Baugeschichte der betreffenden Häuser steht unseren Ausführungen nicht entgegen.

c. Die dritte und vierte Stilform sind im grossen und ganzen später in Pompeji angewendet worden als die erste und zweite, doch ist eine interne Gruppirung schwierig. In der Ornamentik und Farbengebung liegen beispielsweise am weitesten *Tafel IX* und eine schwarze Wand St. I, 5 zurück; scheinbar auch *Tafel VII*, doch weisen die decorative Figur im Sockel, der Stuckcarniess und gar die Baugeschichte auf die letzte Zeit Pompeji's: vielleicht haben wir es mit einer Restauration nach dem Erdbeben zu thun. Mit Arabesken, Pflanzen geschickter Zeichnung und vorzüglichem Farbenverständniss trifft auf *Tafel VIII* ein archaisirender Character zusammen, der sich in dem schweren Carniess, massiver Composition, kräftigen altmodischen Farben und in einzelnen Ornamenten (z. B. über dem Sockel) ausspricht.

Als ganz späte Malereien erkennen wir *Taf. XV* an den Arabesken und *XVI* an den Blumen-Candelabern; *Tafel X* erreicht durch feine Zeichnung und elegantes Colorit, *XII* durch barocke Composition und eklektische Ornamentik, *XI* durch einen genialen Farbengedanken die letzte Stufe in der Entwicklung der pompejanischen Wanddecoration. Da die Nachahmung von Marmorincrustation im Sockel als etwas ganz apartes auftritt, so kann dies wohl die jüngste Neuerung sein, und wären demnach die Wände X u. XII erst nach dem Erdbeben decorirt, eine Annahme, die bei letzterer durch die Baugeschichte unterstützt wird. — Die Decke *Taf. XIII* ist wegen der Stuckcarniesse und des Blumenüberflusses eine jüngere Malerei; die primitiver scheinenden geometrischen Formen und Ornamente hängen mit der Composition und Technik der Deckenmalerei zusammen.

d. Wir können darnach die pompejanischen Wanddecorationen mit einiger Sicherheit nur auf zwei Perioden vertheilen, eine ältere und eine jüngere. Die erste Stilform eröffnet die Wandmalerei, und mit ihr beherrscht die zweite Stilform, mehr oder minder gleichzeitig, die erste Periode. In der zweiten Periode erfährt zuerst die zweite Stilform eine Erneuerung; im ganzen aber treten die drei letzten Epochen der Stilentwicklung so vereint auf, dass sich nur bei wenigen Wänden ein relativ älterer Character erkennen, und wiederum auch nicht in häufigen Fällen eine Entstehung nach dem Erdbeben beweisen lässt; von dem allergrössten Theil kann man kaum mehr sagen, als dass er von einer mehrere Generationen hindurch bestehenden Malerzunft ausgeführt wurde, die sich an den moderneren Stilformen, wie sie nach allen reicheren Städten von Alexandria her verpflanzt und in denselben längst gleichzeitig angewandt waren, herangebildet hatte *).

11. Naturgemäss fügt sich hier eine Frage nach den Wandmalern Pompeji's ein. Es waren nicht nur geborne Griechen, wie fast ausschliesslich in der Architectur und Plastik, die sich in Italien der Malerei und der kunstgewerblichen Ausübung derselben befleissigten. Doch bildeten die Meister der eigentlichen Gemälde (mit ganz einzelnen Ausnahmen) immerfort eine hellenistische Schule.

In Pompeji sind in der Regel die Gemälde und die vorzüglichsten Wandcompositionen von dem gleichen Maler ausgeführt. Doch hat auch sehr oft der Meister nur die wichtigsten Partien gemalt und das übrige dem Gesellen überlassen; auf der Oberwand, deren Einzelheiten dem Blicke entschwanden, sehen wir manchmal den Lehrjungen.

Daneben gab es eine zweite Klasse von Malern, welche für die Häuser der armen Leute und—für die Götter arbeiteten **). Diese „Maler" mögen Einheimische gewesen sein, welche in ersterem Falle, so weit ihre Mittel es ihnen erlaubten, die fremden Meister nachahmten (s. 2. c.), in letzterem aber die traditionelle Gestaltung der Sacralbilder zu reproduciren hatten. Die Schlangen an den Aussenwänden der Häuser und die mancherlei Figuren an den Heerden geben an Ort und Stelle einen Begriff von dem geringen Kunstvermögen dieser Klasse von Decorateuren, die aber merkwürdiger Weise immer noch bedeutend höher stehen, als die heutigen Maler der Campagna von Neapel, wie jeder, der einmal nach Pompeji gefahren ist, an den Osterien gesehen haben wird.

Anhang.

12. Ein Werk über die antiken Wanddecorationen überhaupt würde werthvoller sein als eine Monographie über die pompejanischen. Ich hatte mich von Anfang an,

*) Meine Abweichung von Mau's Darstellung (a. a. O. p. 451) beruht in der Hauptsache darauf, dass ich eine ganze Reihenfolge stilistischer Unterschiede nur für die systematische Erkenntniss heranziehe, ohne die Entwicklungsgeschichte der antiken Wandmalerei nach Pompeji hineinzuverlegen, und aus stilistischen und ornamentalen Einzelheiten die Entstehungszeit von Decorationen abzuleiten. Auch musste ich die Abfolge der jüngeren Stilformen anders als Mau characterisiren.

**) Siehe Helbig, *Wandgemälde* pag. 1. — Auch jetzt sind in Neapel die „Heiligenmacher" unglückliche Jünger der Kunst.

um meine Aufgabe intensiver zu erfüllen, beschränkt; auch glaubte ich, dass die römischen Ausgrabungen Pompeji gegenüber nicht ins Gewicht fielen, und in Herculaneum selbst fand ich alles verschwunden. Doch will ich jetzt nicht unterlassen, auf Grund der im Museum erhaltenen und der in verschiedenen Werken publicirten Herculaneuser Monumente der Malerei wenigstens die Bedeutung derselben hervorzuheben.

Wie Herculaneum die reichere und höher cultivirte Stadt gewesen zu sein scheint, so hat sie im allgemeinen auch werthvollere Kunstgegenstände, speciell auch was Wand-Gemälde und-Decorationen anbetrifft, aufzuweisen. Der Stil der Wanddecorationen ist freilich kein anderer als wie wir ihn Kap. II characterisirt haben; auch geht die Entwicklung desselben nach der gleichen Seite hin wie in Pompeji, aber auf mehrfach anders leitenden Wegen. Die ältere Ausführung, der grössere Luxus der Besitzer und die überlegene Virtuosität der Maler scheinen mir die Ursache davon zu sein. Die Architecturmalerei setzt viel früher in die Stilentwicklung ein, und bringt kräftige, massenhafte, prachtstrotzende Barockgebilde hervor. Die Farben sind intensiver und reicher combinirt. In der Ornamentik überragt Herculaneum bei weitem Pompeji an Genialität der Erfindung, kühner Zeichnung und ausdrucksvoller Pinselführung, geräth aber dabei auch weiter in bizarre Verirrungen hinein. Ich möchte denken, man könne es beinahe an der einen Arabeske auf *Tafel XXI* sehen, welches der Character der herculanensischen Ornamentik ist, wenn man etwa Tafel XVIII zum Vergleich heran zieht. Die gesammte Wanddecoration Herculaneums dürfte ich mit einem Wort vielleicht dahin characterisiren: Wandcomposition und Farben wie auf unserer Tafel IV und V, Architectur wie XII, Perspectiven wie VIII, Säulen wie I, XV und XVII, Ornamente wie VI und XVIII verschmolzen. Aber wahr ist es, dass die Pompejanischen Stilformen aesthetischer entwickelt sind.

Viertes Kapitel.

Die Technik der Wandmalerei.

1. Dem an sich schon sehr werthvollen Werke Helbigs: „*Die Wandgemälde Campaniens*", ist eine epochemachende Abhandlung von Donner, „*Über die antiken Wandmalereien in technischer Beziehung*" beigegeben, welche auf ein seltenes Verdienst Anspruch machen kann, nämlich einen vorher beinahe nie untersuchten Gegenstand, über den auch unter Gelehrten die abenteuerlichsten Ansichten verbreitet waren, auf den ersten Anlauf bewältigt, und wenn auch nicht überall den letzten Abschluss, so doch unumstösslich sichere Grundlagen für die weitere Erforschung desselben gewonnen zu haben. Was ich hier mitzutheilen habe, kann ich nur aus Donners Untersuchungen entnehmen; nach eigner Beobachtung will ich dazu die Punkte anzeichnen, welche noch fernerer Aufklärung bedürftig sind. Für jeden, der sich selbständig mit diesem Thema beschäftigen will, bleibt aber das Studium der erwähnten Abhandlung unentbehrlich.

a. Es handelte sich seit langem um die Hauptfrage, ob die pompejanischen Wandmalereien al fresco oder a tempera ausgeführt seien. Wir wissen jetzt sicher, dass in Pompeji Frescomalerei vorliegt, und zwar nicht nur die Grundirung, sondern auch Ornamente und Bilder sind in gleicher Weise al fresco aufgetragen. Bekanntlich werden bei dieser Technik die bloss mit Wasser, ohne Bindemittel, angeriebenen Farben auf den nassen Kalkgrund gemalt, an welchem sie in Folge eines chemischen Processes festhaften (D. a. a. O. p. 33). Bei der Malerei a tempera dagegen werden die Farben mit Eistoffen, bei der Gouachemanier (a guazzo) mit Leimstoffen angesetzt, und auf trocknen Grund aufgetragen. — Die Schwierigkeit des Malens al fresco besteht darin, den Kalkgrund immer nass zu haben. Aus diesem Grunde haben die Alten, wie es noch jetzt geschieht, Ansätze im Mauerbewurf vorgenommen (D. p. 53 ss.); ihr dickerer Bewurf hatte dazu den Vortheil, die Feuchtigkeit länger zu halten. Donner behauptet nun, dass mit diesen Mitteln es den alten Malern gelungen sei, die ganzen Wände sammt Bildern und Ornamenten glücklich a fresco auszuführen, und dass die Temperamalerei nur in äusserst seltenen Fällen, zum späteren Nachholen, zum Retouchiren, zur Ausbesserung etc. zu Hülfe genommen worden sei.

Zu den von Donner vorgebrachten zahlreichen Gründen erlaube ich mir einige Bemerkungen.

b. Auf die chemischen Analysen von bemaltem Wandstuck ist nichts zu geben, soweit sie sich negativ über das Vorhandensein organischer Farbstoffe oder Bindemittel aussprechen. Wo überhaupt organische Stoffe vorhanden waren, da müssen sie nothwendiger Weise durch die Feuchtigkeit von 18 Jahrhunderten und die von dem Druck der Verschüttungs-Materie erzeugte Wärme chemisch zersetzt worden sein. Auf diese Weise ist ja auch alles Holzwerk verschwunden oder verkohlt, nicht durch Hitze oder acute Verbrennung bei der Zerstörung. Es könnten also immerhin organische Farbstoffe und Bindemittel verwendet worden sein, ohne dass wir eine Spur davon aufzufinden vermögen. Da aber ein Verschwinden einzelner Farben oder ganzer Malereien nicht nachzuweisen ist *), so glaube ich aus diesem Grunde nicht an Verwendung vegetabilischer oder animalischer Farben, und es bleibt ebenso nur die Möglichkeit, dass mineralische, also der Frescotechnik angehörende Farben mit Bindemitteln aufgesetzt worden seien. Das Anhaften trotz der Zersetzung des Bindemittels würde sich durch Adhäsion erklären, die nach Donner (p. 34) auch in der Frescotechnik mitwirkt.

c. In der Technik der Wandmalereien herrscht, was Stuck, Farben, Auftrag, Manier anbetrifft, eine absolute Verschiedenheit, wie wir sie auch bei der künstlerischen Behandlung erkannt haben. Ich habe eigentlich noch nicht zwei Brocken von ganz gleich zubereitetem Stuck gefunden; immer neue Nüancirungen von Grundfarben, die jedermann aus einem Topfe genommen zu sein scheinen, zeigen sich mir bei unmittelbarem Zusammenstellen von Wandfragmenten; fast in allen Zimmern hat der Auftrag der Farben der Decorationen ein anderes Ansehen. Hier liegt keine Absichtlichkeit vor, auch keine characteristische Manier des einen oder anderen Malers; es ist lediglich der Effect von Umständen, wie sie bei keiner Kunstübung so zahlreich wie in der Frescomalerei concurriren. Man kann sich alle Variationen der zusammenwirkenden Elemente denken, und wird eine ganz unendliche Reihe derselben in Pompeji auffinden, zwischen Extremen wie: unzerstörbare Frescofarbe, und Anzeichen, wo das Frescoverfahren aufhören musste.

Von dem Stuckbewurf selbst rede ich später. Das Material, die Mischungsverhältnisse, die Feuchtigkeit desselben müssen natürlich einen Einfluss auf die Absorption der Farben üben, wobei auch noch die chemische und physikalische Natur der letzteren ins Spiel kommt. Dem entsprechend finden sich gemalte Wände, bei denen die Farben der

*) Natürlich bei der Ausgrabung. In den von D. p. 92 angeführten Fällen ist aber dies nicht constatirt.

Grundirung so sehr in den Stuck eingedrungen sind, dass sie sich nur mit letzterem zugleich zerstören lassen (dagegen D. p. 33). In den meisten Fällen liegt freilich die Farbe nur leicht auf, wie Donner angibt, und lässt sich mit dem Messer abschaben, sehr häufig auch schon mit nassem Finger abreiben *). Dass die oft kaum bemerkbaren Nüancirungen der Farben auf die gleichen Ursachen, und nicht auf besondere Mischung, zurückzuführen sind, liegt auf der Hand. — Die auf die Grundirung gelegte Malerei ist nun tausend Combinationen unterworfen, indem zuerst alle Verhältnisse des Stucks und der Grundfarbe einwirken, indem diese dann während der Ausführung der Bilder unaufhörlich variiren, und endlich alle Eigenschaften der aufzulegenden Farben, und gar noch wieder ihrer Reihenfolge gemäss, Geltung gewinnen. Das wichtigste Moment bleibt dabei aber immer wieder die Feuchtigkeit, das fresco. Da sehen wir nun Bilder oder Ornamente, deren Farben unter sich und mit dem Grunde vollkommen verwachsen sind; andere, deren erste Skizze der Grundirung fest anhaftet, während die fernere Ausführung nur lose darauf hängt; noch andere, die so wenig Wurzel gefasst hatten, dass Regengüsse sie abspülen; von manchen bleibt keine Spur, und wir sehen den frischen Grund vor uns, als wäre nie etwas dagewesen. Eine besondere Aufmerksamkeit ist aber denjenigen Malereien geschenkt worden, deren dick aufgetragene Farben jetzt abblättern, entweder eine von der anderen und die unterste vom Grunde, oder in compacter Masse sich von letzterem scheidend. Man hat dies von jeher für ein Zeichen der Temperamalerei gehalten; Donner aber behauptet als Sachverständiger (p. 35), dass auch bei der Frescotechnik solche Abblätterungen vorkommen können. Merkwürdig ist endlich die Erscheinung, dass nach dem Verschwinden von Figuren **) innerhalb ihrer Umrisse die Farbe und sogar der Stuck des Hintergrundes angefressen oder ausgefressen sind (D. p. 91), und sind Beispiele davon nicht so gar selten. Hier schliesst Donner auf Temperafarben, deren chemische Zersetzung die Umgebung in Mitleidenschaft gezogen habe.

Die angeführten Verschiedenheiten der aufgelegten Malereien erscheinen mir so bedeutend, dass ich sie nicht allein aus verschiedenen Einwirkungen, wie sie bei der Frescotechnik Statt haben, herleiten kann. Die fest haftenden Farben sind unter günstigen Bedingungen al fresco gemalt, die schlecht haftenden könnten ja freilich unter ungünstigen Vehältnissen derselben Technik aufgetragen sein; aber woher, frage ich, dieser radicale Unterschied, dass die einen (und bei weitem die Mehrzahl) allmälig vom Regen abgespült oder von der Sonne ausgezogen werden, dass hingegen die anderen nur durch Abblättern zu Grunde gehen? Wie kommt es, dass unter den ersteren der Grund entweder gut erhalten, oder aber auch schadhaft ist, während im letzteren Falle der Hintergrund nicht nur immer unversehrt bleibt, sondern manchmal eine Glanzfläche zu Tage tritt? — Jedenfalls ist eine endgültige Lösung der Frage zur Zeit noch nicht möglich, denn eben so wenig wie sich direct eine Temperamalerei nachweisen lässt, und wahrscheinlich je nachweisen lassen kann, ist der indirecte Beweis, dass bloss Frescotechnik vorliege, stichhaltig, und stösst derselbe auf manche nicht zu hebende Schwierigkeiten. Ich muss einstweilen annehmen, dass die Frescomaler vielmals mit ihrem Verfahren nicht aus-

*) Ich beziehe mich hier lediglich auf Versuche unmittelbar nach Ausgrabungen. — Auf die Krystallhaut komme ich unten zu sprechen.

**) Vgl. Anm. p. 25.

kamen und allerlei (organische) Bindemittel ihren eigenen Farben zusetzten, ohne dass sie dabei zu den Farbstoffen und zur vollen Technik der Temperamalerei übergegangen wären. Eine geplante Anwendung zweier ganz verschiedenen Malweisen auf gleicher Wand vermag ich nicht zuzugestehen.

Bei der so verschiedenartigen Ausführung der Ornamente und Bilder variirt natürlich auch das Colorit erheblich. Besonders bei flach liegenden hellen Tinten macht es einen Unterschied, in welcher Weise sie mit dem farbigen Untergrund zusammengetreten sind, und ob sie auf ausgesparten Kalkgrund gemalt wurden.

Eine principielle Verschiedenheit in der Manier einzelner Maler möchte höchstens zwischen Herculaneum und Pompeji aufzustellen sein. Die in den pompejanischen Wanddecorationen erkennbaren Manieren sind wohl lediglich durch die mannigfache Weise des Farbenauftrags bedingt. Im allgemeinen macht sich eine Flüchtigkeit, ja Nachlässigkeit der Pinselführung bemerkbar, die immerhin noch so viel Sicherheit durchblicken lässt, dass sie nicht auf Ungeschicklichkeit zurückgeführt werden darf; aber ebensowenig ist geniale Absichtlichkeit anzunehmen, sondern die Erklärung kann nur in dem Drange der Frescotechnik liegen. In vielen Fällen sieht man nur ein einmaliges Hinfahren mit dem Pinsel. Doch kommen auch sehr sorgfältig und mühsam ausgeführte Ornamente vor, immerhin aber keine Arbeit, welche mit dem Frescoverfahren ganz unvereinbar wäre, wenn, wie Donner nachgewiesen hat, auch die Alten Ansätze und neue Einputzungen vornahmen. — Die Schatten sind in Pompeji durchweg nicht gedeckt verlaufend, sondern in Schraffirmanier gemalt, was freilich selten, und auch in unseren Reproductionen nicht, wiedergegeben worden ist.

Der dicke Farbenauftrag, welchen Donner p. 115 allgemein als eine Manier der pompejanischen Maler hinstellt, der freilich häufig vorhanden, aber noch häufiger nicht da ist, beweist nicht gerade eine Tempera-Technik; doch ist es klar, dass er ebensowenig in nothwendigem Zusammenhang mit der Frescomalerei steht, wenn tausend sichere Fresco-Beispiele ganz dünn aufgestrichen sind.

2. Am einfachsten werden hier sich einige Bemerkungen über die Hülfsmittel der antiken Decorationsmaler anfügen lassen.

a. Schablonen sind, so viel ich habe finden können, nirgends angewandt, denn überall, wo ich Versuche mit Papierausschnitten anstellte, ergab sich keine Congruenz der Ornamente. Ihre Anfertigung hätte auch nicht der Mühe gelohnt, da, wie schon oben einmal bemerkt, die Ornamente auf allen Wänden, der Composition entsprechend, variiren mussten.

Das Oberwand-Muster auf *Tafel XIV* verräth nur den Zirkelschlag, dessen Centrum und Peripherie tief im Stuck eingedrückt sind. Auf der unteren Tapete ist offenbar die Zeichnung durch Parallel-Linien festgelegt worden, von denen indess nichts mehr zu gewahren ist.

b. Bei vielen Bildern, Ornamenten und Hauptgliedern der Composition sind die Umrisse in die frische Wandbekleidung eingedrückt worden (vgl. D. p. 71). Doch handelt es sich hier nicht sowohl um eigentliche Contouren, als um die allernothwendigsten Anhaltspuncte für die Zeichnung. Diese Vorzeichnungen sind theils sehr fein, dabei schärfer oder breiter, wie Donner angibt, oder auch sehr roh, in diesen Fällen aber nach meinen Beobachtungen vor dem Aufstreichen der Grundfarbe gemacht, da dieselbe die Vertiefungen bedeckt. In der Ala Reg. VI, Ins. V, n. 16 (Wand bei St. II, 4) sind seit einigen Jahren die 6 Figuren verwittert und nur der Grund mit ganz characteristisch groben Vorrissen noch vorhanden.

3. Man sollte kaum denken, dass eine Untersuchung über den vorzüglichen Stuck der antiken Wände ein Buch füllen würde, wenn man auf alle, nicht immer bedeutungslosen, Specialitäten eingehen wollte. Wir haben hier wieder einen Beweis, dass die Alten nicht nur in Künsten, sondern auch in manchen technischen Fächern unsere Lehrmeister sein können.

a. Der erste Mauerbewurf besteht aus Kalk und Sand, aber nicht Meeressand, wie Donner p. 42 angibt, da dieser sofort Salpeterbildung bewirkt haben würde, sondern Lavasand vom Vesuv, welcher noch heute zu gleichem Zwecke verwendet und pozzolana di fuoco genannt wird. Der Mörtel hat dadurch eine ziemlich dunkelgraue Farbe. Diese Schicht erhielt eine möglichst rauhe Oberfläche, damit der obere Bewurf gute Angriffspuncte habe; es wurden auch wohl Vertiefungen besonders eingeschlagen, wie in ganz interessanter Weise R. I, IV, n. 22 zu sehen ist; alte Wände, die neu decorirt werden sollten, wurden aufgehackt, wobei es vielerwärts bis auf den heutigen Tag geblieben ist. Dann folgt in zwei bis drei Schichten Stuck (vgl. D. p. 39 ss.), von denen die untere oder auch die zwei unteren, aus Kalk und körnigem Kalkspath besteht, die oberste aus Kalk und geriebenem Marmor. Ein starkes Schlagen hat die Dichtigkeit des Stucks bewirkt, und ein Glätten manchmal einen den Marmor täuschend nachahmenden Glanz erzeugt (am schönsten R. VI, I. XII, n. 2.). Es kann, abgesehen von der ersten Decorationsepoche, nur die Rücksicht auf die Frescomalerei gewesen sein, welche eine so sorgfältige Bereitung des Stucks und dessen bedeutende Dicke veranlasste. — Doch gilt dies alles nur für die reichen Häuser; in geringeren findet sich ein grober Sandmörtel mit einfachem Überzug von Kalk, dem etwas Gips, Puzzolanerde o. dgl. beigemischt ist.

b. Die Stuckfläche solcher Wände, welche reich decorirt werden sollten, wurde nicht auf einmal hergestellt; es sind vielmehr Ansatzfugen, besonders zwischen Sockel, Mittelwand und Oberwand, zuweilen auch innerhalb der bemalten Felder, zu entdecken (vgl. D. p. 53). Zur Ausführung der Gemälde war ein solches stückweises Verfahren oft unumgänglich: man trug zuerst den Stuckgrund für das Bild auf, und nachdem dieses vollendet war, putzte man die übrige Wandfläche an; oder umgekehrt, man schnitt aus der fertigen Wand den Stuck für das Bild wieder aus, und putzte neuen ein (D. p. 60). Die Fugen wurden so gut wie möglich durch gemalte Ränder verdeckt, und die dicke Farbenlage mancher solcher Rahmen mag darin begründet sein. Es konnten auch fertige Bilder aus der Wand herausgeschnitten und anderwärts wieder eingesetzt werden, und in Herculaneum hat man bekanntlich 4 solche Stucktafeln gefunden. — Bei einzelnen Ornamenten gibt sich das Einputzen frischen Stucks oft durch ein ungleiches Niveau zu erkennen.

c. Nach dem Auftragen der Farben trocknet die Wand allmälig, das heisst, das Kalkwasser (Kalkhydratlösung) dringt durch sämmtliche Farben an die Oberfläche, zieht aus der atmosphärischen Luft Kohlensäure an, verwandelt sich dadurch aufs neue in kohlensauren Kalk, und legt sich in Gestalt einer schwerlöslichen, dünnen Krystallhaut über die Farben (D. p. 32). Donner behauptet ferner (p. 51), dass diese Krystallhaut sich durch die 1800jährige Einwirkung der Nässe bei der Ausgrabung theilweise aufgelöst findet, dass sie aber durch neue Aufnahme von Kohlensäure an der Luft wieder erhärtet. Gegen die Richtigkeit dieser Beobachtungen und Schlussfolgerungen Donners lässt sich gewiss nichts einwenden; nur hat er durch die verschiedenen Umstände, die bei Bildung der Krystallhaut vorlagen, die oben 1.c behandelten Verschiedenheiten der Malereien auch noch ebenso wenig nach allen Seiten hin erklärt, wie durch die Verhältnisse bei Neubildung derselben die fernere Conservirung der Wände allein bedingt ist.

4. Die zur Wandmalerei verwendeten Farbstoffe (D. 95 ss.), von denen rohe Stücke im Museum zu Neapel aufbewahrt werden, sind alle mineralischer Natur, und durchweg solche, welche auch heute noch der Frescomalerei dienen. Das braun wurde aus einem porösen Schlackenstein vom Vesuv gewonnen. Für weiss gebrauchte man, da Bleiweiss sich mit dem Kalk nicht verträgt, Kreidearten; bei ganz feinen Arbeiten nahm man das paraetonische Weiss, einen seltenen Muschelkalk (D. p. 104). Es sei erwähnt, dass alle Farbstoffe auf's sorgfältigste geschlemmt wurden, und dass dieser Umstand mit zu dem satten Glanz der Farben in Pompeji beitragen mag. Auf weitere Einzelheiten kann hier nicht eingegangen werden, und ist dafür auf den betreffenden Abschnitt bei Donner und auf die chemischen Analysen im *Giornale degli Scavi III, p. 159 ss.* zu verweisen.

Fünftes Kapitel.

Der heutige Zustand der Wanddecorationen.

1. Bei der Zerstörung Pompeji's ist ein grosser Theil der gemalten Wände durch Erdbeben zu Grunde gegangen. An vielen Stellen haben die herabfallenden Trümmer Beschädigungen angerichtet, und mitunter auch die heisse Asche des Vulcans. So finden wir mehrfach den gelben Ocker roth gebrannt, die Säule z. B. auf Tafel XVII links ist in ihrer oberen Hälfte jetzt roth. Endlich hat die als Schlammstrom niedergehende kalkhaltige Asche sich manchmal so mit der Wand verbunden, dass durch ihre Entfernung auch die oberen Farbenschichten sich mit loslösen (D. p. 102). Chemische Einwirkungen auf die Farben selbst oder den Stuck haben sich während der Verschüttung nicht geltend gemacht.

Die Ausgrabung findet sämmtliche Wände in total durchnässtem, ja durchweichtem Zustande; die Farben bringen dabei in ihrem nassen, dunklen Glanz eine zauberhafte Wirkung hervor. Wenn nun die Wände rasch ohne Einwirkung des Sonnenlichtes trocknen, so erhalten sie einen Ausdruck, der ruhiger, aber im Colorit noch nicht blasser ist, und der ihrem ursprünglichen Zustand etwa gleichkommt. Aber schon nach einer kurzen Reihe von Tagen treten Veränderungen ein: zuerst zersetzt sich unter dem Einfluss des Lichts der herrliche Zinnober und wird schwarz; blau und grün werden auch in der Regel schnell blass. Mancher Farbenauftrag weicht sogleich dem geringsten Regen, ein anderer leidet weniger darunter, ein dritter endlich widersteht den heftigsten Schauern. Mit der Zeit erhärtet der Stuck wieder und die Krystallhaut bildet sich neu; nun geht die Verwitterung langsamer vor sich oder schreitet überhaupt nicht fort. Der schlimmste Unfall ist es natürlich, wenn Feuchtigkeit in Öffnungen des Stucks eindringt und im Winter ein Frost dazu kommt: da ist die Wandmalerei unrettbar verloren. Letzteres ist auch die Untergangsart der Mosaiken. Ein gefährlicher Feind der Wände ist endlich der Salpeter, der mitunter in der Wand selbst seinen

Ursprung hat, aber sich auch an solchen Stellen neu bildet, wo Feuchtigkeit dauernd hindringt und die Ventilation fehlt.

So ist der grössere Theil der in Herculaneum und Pompeji aufgefundenen gemalten Wände längst wieder untergegangen — und diesmal für immer. Es ist traurig, wenn mann jedes Jahr mehr von dem Wandschmucke früher ausgegrabener Häuser vermisst; ja, ich habe von Woche zu Woche die Spuren des fortschreitenden Unterganges der pompejanischen Wanddecorationen gewahren müssen. Die durchschnittliche Dauer von Wandmalerei, die nicht besonders geschützt wird, beträgt wenige Jahre.

Die Direction der Ausgrabungen lässt die wichtigeren Gemälde ausschneiden und in das Museum zu Neapel bringen, wo sie natürlich bedeutend an ihrer Wirkung verlieren; aber von zwei Übeln ist dies jedenfalls das viel kleinere. Der an Ort und Stelle verbleibende Wandstuck wird, wo es nöthig ist, mit Zinknägeln befestigt, Risse und die Ränder werden mit Cement zugeputzt. Auf manche Mauern hat man kleine Abflussdächer gesetzt, und ähnlich über Bildern schmale Glasplatten horizontal an der Mauer angebracht. Das wichtigste Schutzmittel bleibt aber immer eine Überdachung, die in vielen Fällen schön gemalte Zimmer Decennien hindurch unversehrt erhalten hat. Doch könnte sie an einigen Stellen wegen des Unterbrechens der Ventilation an der Salpeterbildung mit Schuld sein. Immerhin bleibt es ein sehnlicher Wunsch der ganzen gebildeten Welt, dass neue Mittel zum Schutze der Wandmalereien Pompeji's gefunden werden möchten!

2. Ich habe auf dem beigegebenen kleinen Plan von Pompeji diejenigen Häuser bezeichnet, wo im Anfange des Jahres 1877 noch irgend welche Wandmalereien existirten. Meine Absicht war, mit Vollständigkeit alle auch noch so unbedeutenden Ornamente, Figuren, und Andeutungen von Wandcomposition anzugeben, einmal, um für den gegenwärtigen Zustand ein Document zu liefern, und ferner, um Künstlern die Mühe des Suchens in allen Häusern zu ersparen. Bis zur Unkenntlichkeit verdorbene Malereien und bloss gefärbte Wandstücke habe ich unbeachtet gelassen. — Wenn jemand in einem auf dem Plane angezeichneten Hause keine Malerei mehr finden sollte, so ist dieselbe inzwischen schon untergegangen.

3. Um den ursprünglichen Zustand der Wandmalereien sich vorstellen zu können, muss man öfter bei oder kurz nach den Ausgrabungen in Pompeji gewesen sein. Es genügt nämlich nicht, bloss eine grössere Lebhaftigkeit der Farben im allgemeinen anzunehmen, als wie wir sie meistentheils jetzt sehen. Die Ungleichheit in der Conservirung ist es, welche die richtige Anschauung trübt. Nach den in Kap. IV geschilderten Verhältnissen ist es natürlich, dass die verschiedenen Farben in gar mannigfaltiger Weise eine Umbildung an der Luft erfahren. Eine Farbe wird z. B. chemisch durch das Licht verändert, eine andere bloss physikalisch durch Regengüsse. Wohl kann eine dauerhafte Farbe lebhafter erscheinen, als sie sein sollte, weil die andere daneben verblasst ist; denn auf der Differenz beruht ja die Empfindung der Farbe im einzelnen wie im ganzen. Manche aufgelegte Farbe ändert dadurch ihren Character, dass sie dünner wird, und der Untergrund deshalb zu grösserer Geltung gelangt. Endlich verändert die rein mechanische Salpeterdurchdringung fortwährend die Nüance, wie z. B. bei der auf Tafel XI abgebildeten Wand zu erkennen ist, wo ich seit 2 Jahren die Schwankungen an den salpeterfreien gleich colorirten Säulen gemessen habe.

Am empfindlichsten leidet die *Farbenharmonie* *) durch die atmosphärischen Einflüsse auf die Wände, indem deren Wirkung in dieser Beziehung potenzirt wird. Man vergleiche zum Beispiel in dem Zimmer, dessen eine Wand auf Tafel IV dargestellt ist, diese Wand mit der auf der gegenüberliegenden Sonnen- und Wetterseite, so findet man nicht nur einen allgemeinen Unterschied in der Erhaltung der Wand, nicht nur eine verschiedene Veränderung der einzelnen Farben (man muss hier freilich beim Urtheil die andere Beleuchtung mit in Betracht ziehen), sondern eine *heterogene Farbenharmonie*. Am besten habe ich diese Anschauung nach Regenwetter, das nicht von einer Seite herstürmte, bei noch bedecktem Himmel gewonnen.

Es sei noch bemerkt, dass an den Bildern im *Museum* die ursprüngliche Farbengebung noch weniger, und eigentlich gar nicht, zu studiren ist, da sie mit mancherlei *Firniss* überzogen sind, der sich aber ebenfalls nicht gleich bleibt.

Sechstes Kapitel.

Reproduction pompejanischer Wandmalerei.

1. Von den tausenden von *gemalten Copien* pompejanischer Bilder, die alljährlich in Neapel an die Fremden verkauft werden, kann hier nicht die Rede sein, da sie lediglich zu dem Zwecke gemacht werden, durch Farben und Zeichnung die Käufer zu bestechen. Doch tragen die letzteren die Schuld daran; zwingen sie doch manchmal auch einen guten Maler, ihnen „für ihr Geld" etwas „schönes" abzumalen.

Von der Verwaltung Pompeji's waren fortwährend Maler angestellt, welche die wichtigsten malerischen Funde für das Museum copiren mussten. Man findet eine ganze Reihe von solchen Wandcopien dort im Zimmer vor dem Papyrussaale und gegenüber. Hüte sich aber ein jeder, der einen einmal gewonnenen Eindruck nicht leicht zu überwinden vermag, sie zu betrachten! denn sonst kann er Zeit Lebens eine *verkehrte Vorstellung* von antiker Wandmalerei in sich tragen. Die meisten sind fein, wie ächte Miniaturmalereien, manche sogar mit der Feder gezeichnet; sie sollten eben das „schöne" von Pompeji illustriren. Auch die Archäologen seien gewarnt, ihnen zu viel zu trauen; im übrigen aber sind sie für *Kenner* schätzbares Material und werthvoller, als officielle Ausgrabungsberichte über gefundene Malereien.

Seit 6 Jahren ist in Pompeji Herr *Discanno* angestellt, ein wirklicher „*Pompeji-Maler*". Er beschäftigt sich mit nichts anderem, als den *Character* seiner Wandmalereien Tag für Tag zu studiren und mit *diplomatischer Treue* wiederzugeben. Seine Copie des *Orpheusbildes* (Taf. XXIII) in natürlicher Grösse, welche vor dem Saale der Papyrus aufgestellt ist, kann den Werth, den diese Art von Reproduction für die Nachwelt hat, bezeugen. Es ist derselbe, der *für unsere Tafeln* die Copien nach den Originalen gefertigt hat.

Fremde Maler pflegen den Character der pompejanischen Bilder meistens *nicht gut zu treffen*, weil erstens eine geraume Zeit dazu gehört, sich in denselben mit ganzer Objectivität einzuleben, und weil zweitens fast nur *gute* fremde Maler hieher kommen, und ein guter Maler ist doch der, welcher die Dinge selbständig auffasst (also immer von seiner Phantasie dazu thut); solche, welche mit Discanno den Ruhm theilen

*) Über die verschiedene *optische* Wirkung der Farben habe ich bereits oben, Seite 19. c. gesprochen.

möchten, objectiver Copist zu sein, habe ich in Pompeji noch nicht getroffen. Ich fragte einmal einen, der vor einer Wand sass: Mein Herr, was malen Sie? Er antwortete etwas indignirt: Ich male die Wand, wie ich sie sehe! —

2. Die ersten Publicationen über Herculaneum und Pompeji geschahen in dem Werke: *Pitture d'Ercolano etc.* in Foliobänden von 1757-79. Die Wandmalereien sind in Kupferstich wiedergegeben, aber von wahrhaft guten Künstlern, und, seltsam zu sagen — bis auf den heutigen Tag, trotz Farbendruck, am besten. Ich bin beim Durchsehen dieses prachtvollen Werkes immer auf's neue von Bewunderung und Erstaunen erfüllt, besonders, da ich im übrigen behaupte, dass Copien pompejanischer Wände ohne Farben zwecklos sind (ausser für archäologische Forschung). — Vom Jahre 1828-52 hat Zahn sein grosses Werk: *Die schönsten Ornamente und Gemälde etc.* in Farbendruck und Umrisszeichnungen herausgegeben. Er wohnte zehn Jahre in Pompeji, war aber ein „guter" Maler. Ich möchte wissen, wie viele von denen, die sein Werk gepriesen haben, mit den Blättern in der Hand zwischen den Originalen in Pompeji umhergegangen sind. Nicht als ob er sehr viele absolute Unrichtigkeiten hätte; aber, und hier erinnere ich an das, was ich im ersten Kapitel unter 3 geschrieben habe, der antike Character hat sich ihm nicht offenbart: jede Figur, jeder Ausdruck, jede Ornamentlinie sind das Product eines modernen Künstlers. Aber wir sind ja alle modern; und Schiller dichtet Hektor und Andromache, und bei Homer klingt's anders. Die Renaissance hat die moderne Kunst geschaffen, und darin liegt ihre kunstgeschichtliche Bedeutung, dass sie den antiken Formen neuen Geist eingehaucht hat. Die Götterfiguren sind bei Zahn, wie sie in unserer Vorstellung leben, aber nicht wie sie den Alten erschienen. Man könnte seine Manier eine idealisirende nennen. Die Ornamente scheinen freilich realistischer, und die farbigen, wo die Linie nicht so wirkt, würden es auch sein, wenn die Farbe nicht wäre! Wenn nicht er, so hat sein Berliner Lithograph in den Farben manches gefehlt; und doch sind sie bei ihm relativ immer noch am besten. — Die *Wandgemälde etc.* von Ternite sind so genial, so seelenvoll, so fein, so farbenzart ausgeführt, dass sie jedem Kunstfreunde zu empfehlen sind, nicht aber den Freunden Pompeji's. — Das neuste illustrirte Werk über Pompeji, von den Brüdern Niccolini in Neapel, ist 1854 angefangen und wird in diesem Jahre mit 60 Heften abschliessen. Es ist in Wirklichkeit, was es verspricht, ein Prachtwerk; aber, um hier bloss von den Blättern zu sprechen, welche Wandmalereien reproduciren, so sind dieselben viel zu sorgfältig in der Zeichnung gehalten, zu glänzend in den Farben, zu ungenau in Details. Es ist ja schön, wenn der Copist es besser macht als der Meister, und viele Käufer werden es ihm Dank wissen; einige möchten aber gern „nur Pompeji" in dem Buche sehen. — Andere Werke übergehe ich. Das *Museo Borbonico* nützt Archäologen sehr viel; auch Raoul-Rochette's *Peintures etc.* möchte ich nicht herabsetzen. Aber mit derartigen Copien kann jemand lange herumlaufen, bis er die Originale findet, und ich selbst erkenne sie nur mit Mühe, obgleich ich denke, in Pompeji und im Museum Bescheid zu wissen. — Photographien können von Wandmalereien gar keine Vorstellung geben; und die neuerdings ausgebotenen Photographien nach Zeichnungen haben diesen Mangel, und den oben gerügten Mangel der Zeichnungen dazu.

3. Wie in allen bisherigen Publicationen das Streben herrschte, und zwar von einigen mit Bewusstsein befolgt wurde, nämlich die Wandmalereien in ihrem ursprünglichen Zustande vorzuführen, so hatte ich den Gedanken gefasst, Facsimile's von den Wänden in ihrem *gegenwärtigen* Zustande herauszugeben. Mein Mitarbeiter Discanno hätte seinen Theil gut machen können; doch was mit der Vervielfältigung? Wie sollte der Lithograph die verwaschenen Farben finden? Und sollte das oft sehr Fragmentarische der Zeichnung wohl den Character der Wanddecorationen herausstellen können? Ich zweifelte, und schlug einen *Mittelweg* ein. *Der Zustand der Wände kurze Zeit nach der Ausgrabung wurde als der normale angenommen*, und demnach die *Farben* um nichts *verstärkt* oder *geändert*; bei älteren und mehr zerstörten Malereien wusste die Praxis des Malers die nöthigen Rückschlüsse zu machen. Die Zeichnung liess ich als Aquarell nur mit dem Pinsel in gleichem Masstabe wie die Tafeln dieses Werkes fertigen, um jede Möglichkeit einer Verfeinerung oder zu sehr ausgeführten Details zu vermeiden. — Der *Lithograph*, Herr Steeger, war seit vielen Jahren von Fiorelli in diplomatisch getreuen Reproductionen antiker Ornamentzeichnungen (für das Giornale degli Scavi etc.) geübt worden, und *kannte*, was die Hauptsache war, *die Farben Pompeji's*. Einen Figurenzeichner nahm ich nicht, weil es auf die einzelnen Bilder bei meinem Zwecke nicht ankam. Nun bekümmerte ich mich selbst um das weitere; dem Lithographen rieth ich, Stift und Feder wie einen groben Pinsel zu handhaben, dem Drucker musste ich selbst oftmals seine immer noch zu schöne Farbe „*schmutziger*" machen. Zum Schluss liess ich *Talkpulver* über die Tafeln streichen, um ihnen jeden Glanz zu nehmen. Jetzt sind die Tafeln fertig, aber nicht alle nach Wunsch ausgefallen; bei einigen ist einzelnes in der Zeichnung schlecht, bei anderen sind die Farben doch nicht genau getroffen worden. Auch Discanno ist nicht ganz zufrieden; aber den *pompejanischen Character* haben wir doch im allgemeinen erzielt. Wo die Witterung nicht inzwischen zu sehr geschadet hat, wird jedermann *leicht* nach unseren Copien die Originale in Pompeji auffinden. Der *Unterschied* gegen andere Methoden der Vervielfältigung zeigt sich z. B. deutlich durch eine Vergleichung unserer Tafeln mit St. I, 3, 4; II, 3; III, 2, 7, 9, wo zum Theil dieselben Wände abgebildet sind.

Ich kann gleich einige Kritiken hier vorweg nehmen. Ein Buchhändler schreibt mir: „die Farben sind zu schlecht; *das Auge will eben auch etwas haben*". Ein Maler: „aber die Zeichnung ist doch gar nicht *künstlerisch* ausgeführt". Ein dritter: „die *Figuren* könnten besser sein, und der *Druck* manchmal auch." Und dem letzteren ist am meisten beizustimmen.

Auf der anderen Seite will ich aber ausdrücklich darum bitten, dass man nunmehr die Farben *nicht mehr für übertrieben glänzend* halte, wie es immer wieder von solchen geschieht, welchen bloss abgeblasste Malereien in Pompeji und im Museum zu Gesicht kommen. *Mindestens so*, wie wir sie wiedergegeben haben, waren die Farben *ursprünglich* in Pompeji, und sind sie bald *nach Ausgrabungen* von jedem zu sehen; im Zustande der ersten Feuchtigkeit sind sie sogar meistens brillanter. Wo einzelne Stellen einer Wand schadhaft waren und von unserem Zeichner restaurirt sind, *ist dies immer nur nach vorhandenen Elementen geschehen*. — Noch eine Bitte: man betrachte die Blätter, wie etwas mit dem Pinsel gemaltes, *aus einiger Entfernung*.

Siebentes Kapitel.

Benutzung der antiken Wanddecorationen.

1. Die Geschichte der Kunst zerfällt eigentlich in zwei Hauptepochen: einen glänzenden Tag des Alterthums mit langer Nacht, und einen neuen fünfhundertjährigen Tag, der sich nun neiget. Aber welches Sich-Regen der Kräfte, um die geheimnissvollen Bausteine für die Kunst der Zukunft zu finden? Jedenfalls kann die klassische Kunst nicht nochmals eine Grundlage für eine neue Renaissance werden. Jedenfalls kann auch keinerlei Nachahmung der Quell der neuen Kunst sein. Sicher ist hingegen, dass nur ein eminentes Studium des ursprünglichsten Characters der klassischen Kunst aus dem nationalen Leben der modernen Völker eine neue originale Kunst erzeugen kann. Dazu kann das Studium der antiken Malerei mitwirken, und ich würde, wenn ich Künstler wäre, nach dem Studium des decorativen Stils der Alten einen neuen, nicht nachgeahmten, ganz nationalen Decorationsstil suchen wollen.

2. Doch nun zur praktischen Benutzung für's Kunstgewerbe. In England, und neuerdings auch in Italien, malt man ganze Zimmer pompejanisch aus, und zwar entweder im Facsimile eines bestimmten Originals, oder getreu nach pompejanischen Motiven. Es kommt dadurch nicht nur ein klassischer Hauch in die Wohnung, sondern die Räume selbst werden wohnlich und glänzend. Nur habe man Acht, die Verhältnisse gut zu treffen, sonst sieht ein Kenner gleich, wie z. B. im Museum zu Neapel, wo das Triclinium steht, dass der Maler bei Pompeji vorbeigegangen ist, ohne dessen Geist erfasst zu haben.

Ich habe auch schon gesehen, dass Zimmermaler einzelne Motive der Wanddecoration aus Pompeji glücklich verwandt haben. So die Eintheilung in Sockel, Mittel- und Oberwand mit Säule und Architrav; ferner die Anbringung guter Bildfelder für eingehängte Gemälde; auch Perspectiven von Lauben und Arcaden können wohl gerathen.

Ein Industriezweig hat sich, soviel ich weiss, bis jetzt nur in Neapel, gebildet, die Fabrication von Pompeji-Tapeten. Ein Zimmer, das auch nur mit einer schlechten Sorte derselben beklebt ist, macht immerhin einen hervorragenderen Eindruck, als ein auf gewöhnliche Weise tapezirtes. Zu einer guten Tapete in diesem Geschmack würden wohl vier Zeichnungen gehören: für Sockel, Mittel- und Oberwand und Zwischenglieder; ausserdem vielleicht ein Karniesstreifen.

Eine naheliegende Verwendung der pompejanischen Ornamentik ist in der Buchbinderei. Die Deckelpressungen für Bücher, die das Alterthum behandeln, sollten doch nicht mehr ein buntes Allerlei, sondern eine pompejanische Composition oder wenigstens Ornamentation bringen.

Die Teppichweberei kann aus der Ornamentik manche Motive aufgreifen, und zwar für Vorhänge, Tisch- und Fussteppiche. Taf. XX würde sogleich etwas bieten.

Die Lithographie hat reiche Gelegenheit zur Verwendung für Kästchen, Umschläge, etc. Wie niedlich würde z. B. ein Wandkalender in Taf. X stehen!

Doch können dies alles nur Andeutungen sein. Dem Kunstgewerbe ist der Ort gewiesen worden, wo es reiche Ausbeute findet.

B. Specieller Theil.

Erläuterung zu den Tafeln. *)

PLAN VON POMPEJI.

Durch die *blau* gezeichneten Hauptstrassen wird die Stadt in Quartiere (Regio) getheilt. Die *hellroth* gefärbten Häuser enthalten irgend welche Malereien (s. p. 30); die *dunkelrothen* sind für die Wanddecoration am bemerkenswerthesten. Aus den mit *violett* bezeichneten Häusern sind unsere Tafeln genommen.

Der Grundriss eines pompejanischen Hauses soll die Lage der römisch bezeichneten Räume veranschaulichen.

Tafel I. und II links.

Reg. V. Ins. I. n. 18. Ausgegr. 1876.

Diese beiden Wandzeichnungen befinden sich in einem langen Raume und theilen ihn in ein Vorzimmer (II) und ein Hauptzimmer (I). Ehemals befand sich ein Vorhang zwischen beiden. Solche Anordnung kommt häufiger in Pompeji vor. Auf Taf. II ist im Sockel der Fussboden nachgeahmt, in welchem zerstossene Thonscherben in den Kalk des Estrichs eingestreut waren (opus signinum). — Auf beiden Tafeln müsste das Gelb dunkler und etwas röther sein.

Tafel II rechts.

Reg. V. Ins. I. n. 18. Ausgegr. 1875.

Die Wände des geräumigen Atriums haben grosse rothe Wandfelder, in deren Mitte Medaillons gemalt sind. Eins von den Zwischengliedern ist auf unserer Tafel wiedergegeben. An den Candelabern hängen rothe Korallenketten, und auf jedem steht ein anderes Gefäss. Im Sockel ist wieder opus signinum nachgebildet.

Tafel III.

Reg. VI. Ins. XIV. n. 20. Ausgegr. 1875.

Dieses reizende kleine Schlafzimmer liegt hinter der Gartenwand Taf. XXIII und hat in derselben ein Fenster. Das Gelb der Wände scheint sehr dauerhaft zu sein. Wir haben eine Schmalwand und zwei Felder von den dreien der Längswand copirt. Das flache Gewölbe ist nicht mehr vorhanden.

Tafel IV.

Reg. VI. Ins. XIV. n. 20. Ausgegr. 1875.

Auf den gleichen Garten, wie die soeben genannte Stube, öffnet sich dieses Triclinium. Die drei Wände sind gleichmässig bemalt; unsere ist die rechts vom Eingang. Bemerkenswerth sind auf dieser Tafel die Erinnerungen an Ägypten, wie der weisse Reiher im Sockel, die Sphinx inmitten der Wandfelder und die als Priester characte-

*) Mit H. werden fortan die Nummern der Bilder aus Helbig *Wandgemälde* etc. angeführt.

risirten Figuren in der Oberwand. Im Karniesstreifen sind mancherlei Geräthe gemalt, darunter auch wieder einige aus Ägypten stammende.

Ferner ist das Landschaftsbild interessant. Der Maler hat den gelben Grund für Wiese, Berge und Himmel benutzt; unten ist ihm ein Stück desselben noch übrig geblieben. Das ist flüchtige Frescotechnik!

Tafel V und VI.

Reg. V. Ins. I. n. 26. Ausgegr. 1875.

Das Mittelbild dieser Wand, welches jetzt ins Museum geschafft ist, stellt Iphigenie auf Tauris dar, wie sie eben aus dem Tempel schreitet, um die gefangenen fremden Jünglinge zu opfern. Von letzteren sieht man auf unserer Tafel nur einen, da der Maler die Füsse des anderen, die auch noch vorhanden sind, weggelassen hat. Die Büsten eines Satyrn und einer Bacchantin schmücken eins der Seitenfelder. Das ganze gehört einem hohen, prächtigen, aber schon ziemlich zerstört ausgegrabenen Tablinum an. An der Rückseite desselben ist ein Theil der Oberwand, ähnlich wie auf Taf. IV erhalten. Der grüne Streifen unten im Sockel müsste viel dunkler sein. Auf der Ornamententafel schliesst der Längsstreifen rechts an den linken an.

Tafel VII.

Reg. VII. Ins. II. n. 45. Ausgegr. 1862.

Diese Wand war bei der Zerstörung Pompeji's nicht vollendet, da auf einem der Seitenfelder die Figur noch fehlt und über der Mittelwand der rohe Mauerbewurf zu Tage steht. Die Wandfelder stellen von Blumen umsäumte ausgespannte Tücher dar, eine Manier, die sich öfter in Pompeji findet. Die Wand befindet sich in dem engen Corridor (Ostium) eines kleinen, ziemlich gut decorirten Hauses.

Tafel VIII.

Reg. V. Ins. I. n. 18. Ausgegr. 1875.

Dieses kleine Zimmer mit seiner prachtvollen Oberwand, ist eines der am reichsten decorirten Pompeji's. Leider ist der von uns wiedergegebene Wandtheil kurz nach der Ausgrabung durch Nässe und Frost zerstört worden. Besondere Aufmerksamkeit verdient das schöne Monochrom, ein Fischkentaur mit einem Seepferd. In ähnlicher Weise sind die Vogel-Arabesken gemalt.

Tafel IX.

Museum Neapolit. LXXVII. Ausgegr. 1770 (?).

Die Herkunft dieser Wand ist ungewiss; nach H. 1355 soll sie im Hause Reg. VI. I. 7. gefunden sein. Narcissus betrachtet in der Quelle sein Bild, während Amor die Fackel verlöscht. Die Oberwand zeigt leichte Ornamentfiguren. Man beachte noch, wie der Maler dort, scheinbar unmotivirt, ein bischen Zinnober verwendet hat. Der Stuckkarnies ist hoch, ladet aber nur wenig aus.

Tafel X.

Reg. VII. Ins. IV. n. 48. Ausgegr. 1831.

Ein feines Tablinum, modern überdacht und ziemlich wohl erhalten. Das Mittelbild zeigt Theseus, wie er von Ariadne den Knäul empfängt, H. 1211. Rechts trägt Nike ein Tropäon, II. 904. Die schwebende Gruppe links, II. 1963, wird als Allegorie der Morgendämmerung gedeutet. Auf der Predelle sind niedliche Erotenjagden dargestellt, II. 819. Auf der Treppe innerhalb der Architecturzeichnung waren bei der Ausgrabung noch Reste von Figuren zu sehen, die aber längst ganz verschwunden sind. Wand in Umrissen bei Zahn II, 33.

Tafel XI.

Reg. VI. Ins. IX. n. 2. Ausgegr. 1829-30.

Dieser Oecus ist durch seine umlaufende Säulenstellung und seine monochrome Bemalung merkwürdig. Wir können hier an eine Nachahmung vergoldeter Zimmer in Rom denken. Drei Farben im Sockel und drei in der übrigen Wandfläche genügen dem Maler, eine äusserst feine Wanddecoration zu schaffen. Die Erklärungen des Mittelbildes, II. 541, sind zweifelhaft; man erblickt einen Satyrn, der mit einer um einen Stab gewundenen Schlange ein Mädchen erschreckt.

Tafel XII.

Reg. VI. Ins. VII. n. 23. Ausgegr. 1838-39.

Ein isolirtes Schlafzimmer in der Ecke des Gartens zeigt wohl erhaltene reiche Malereien. Der höhere Theil der Wand hatte schon bei der Ausgrabung nur rohen Kalkbewurf, ein Zeichen, dass die Katastrophe den Maler unterbrochen hat. Unser Blatt gibt die Hauptwand, dem Eingange gegenüber. Die drei Figuren sind ihrer ganzen Haltung nach Gottheiten; die mittlere ist Bacchus, II. 388, diejenige rechts wird für Venus, II. 118, die links für Apollo, II. 189, gehalten. Der blaue Nimbus kommt auch sonst in der antiken Kunst vor. Sollte der Maler einen solchen Fehler begangen haben, der Venus keinen schönen Fuss zu malen? und doch, soviel man auch betrachtet, findet man immer wieder einen Kuhfuss. Wand in Umrissen bei Zahn II, 76.

Tafel XIII.

Reg. IX. Ins. II. n. 10. Ausgegr. 1860.

Dies Tonnengewölbe ruht bei den Stuckleisten auf den Seitenmauern. Im Halbrund der Hinterwand ist eine Art Stillleben gemalt.

Die geflügelte Figur in der Mitte trägt in der Rechten ein Kästchen und in der Linken eine Fackel. Seltsame Gestalten mit Menschenköpfen und Vogelkrallen (Harpyien) sind in der Mitte der Vorder- und Hinterseite gemalt. Ebenso zeigen die grünen Kreise in den Ecken ganz phantastische Gebilde.

Tafel XIV.

Reg. IX. Ins. II. n. 10. Ausgegr. 1860.
Reg. VII. Ins. IV. n. 51. Ausgegr. 1833.

Zuerst sehen wir ein Oberwandstück, dessen Ornamentik offenbar einem Deckenmuster entlehnt ist. Man beachte die Abwechselung in der Ausschmückung der einzelnen Cassetten.

Bei dem Tapetenmuster sei auf die Anordnung der Farben hingewiesen. In den kleinen gelben vierblättrigen Blumen laufen die Stengel blau zusammen, in den blauen dagegen gelb; vor ersteren sind die letzten Blätter gelb, vor letzteren röthlich. Ungenau bei Zahn II, 39.

Tafel XV.

Reg. VI. Ins. VII. n. 18. Ausgegr. 1835-36.

Ein kleines noch erhaltenes Stück einer ehemals reich decorirten Wand ist hier wiedergegeben. Die schwebende Gruppe, H. 537, ist jetzt auch fast ganz zerstört. Man beachte den Schlagschatten, welchen die Consolen werfen, und wie die oberste Reihe der Ornamente in lebendiger Linie gegen den blauen Grund ausläuft.

Tafel XVI.

Reg. VII. Ins. VII. n. 5. Ausgegr. 1871.

Hier liegt die Decoration eines geräumigen Atriums vor, die noch vor wenigen Jahren gut erhalten war. Unsere Zeichnung ist von der Wand dem Hauseingange gerade gegenüber. Die rothe Farbe ist sehr wohl getroffen; nur sollten die weissen Linien im Sockel noch etwas feiner sein. Der Panther war im Original besonders gut gezeichnet.

Tafel XVII.

Reg. VII. Ins. IV. n. 48. Ausgegr. 1831.

Die Säule links ist ein Rest der ziemlich zerstörten Decoration eines Oecus. Die monochrome Ausführung harmonirt auf's beste mit dem einfachen grau des Grundes; die Farben des Pfeilers indessen lassen sich nur aus dem ganzen erklären.

Reg. VI. Ins. VII. n. 18. Ausgegr. 1835-36.

Eine prachtvolle Säule der gleichen Wand, von welcher Taf. XV. genommen wurde. Sie baut sich als Pflanzenschaft auf mit starken Ausladungen von kelchartigen Blüthengebilden. Durch den blauen Grund wird die Detaillirung stark betont.

Reg. VIII. Ins. IV. n. 4. Ausgegr. 1861.

Eins der genialsten und schönsten Ornamente Pompeji's ist dieser monochrome Okeanos-Kopf. Er befindet sich auf einem Wandpfeiler des Atriums links vom Ostium. Die Bildungen am Kopfe bedeuten Krebsscheren. Man bemerke auch Licht- und Schattenseiten der Umrahmung. H. 1023.

Reg. VI. Ins. VII. n. 23. Ausgegr. 1838-39.

Das obere Ornament unserer Tafel ist ein Bindestück zwischen Gliedern der Oberwand, deren Zeichnung man bei Zahn II, 43 findet. Der Zinnobergrund sollte in Höhe der Flügel abbrechen, nicht abschneiden, da auf derartige Weise der Übergang von Ornamenten nach einer weissen Wand hin vermittelt wird.

Reg. VI. Ins. IX. n. 6. Ausgegr. 1828-29.

In einem grossen Hinterzimmer läuft dieses Ornament als Karniesstreifen um, indem die Leiern eigenartig in die obere weisse Wand hineinragen.

Tafel XVIII.

Reg. VII. Ins. III. n. 30. Ausgegr. 1844.

Unseren Candelaber links habe ich in einem ganz engen dunklen Treppenwinkel gefunden. Beim Fuss hat der Maler wohl ein massives in Silber gearbeitetes Stück im Auge gehabt; der Schaft ist andersartig, malerisch leicht.

Reg. V. Ins. I. n. 26. Ausgegr. 1875.

Der Candelaber auf Zinnobergrund steht auf einer schmalen Pfeilerwand desselben Tablinums, aus welchem Taf. V und VI. copirt wurden. Sein Aussehen ist fein, aber dennoch kann ihn der gleiche Maler gezeichnet haben, der die anderen Ornamente bildete, denn auch hier haben wir eine noch primitive Ornamentik. Es ist etwas wie eine Copie eines silbernen Leuchters darin.

Reg. V. Ins. I. n. 26. Ausgegr. 1875.

Das obere Ornament unserer Tafel läuft als Fries über einem grossen Mittelfelde hin. Ganz eigenartig, aber wohl zu schätzen ist wieder der Gedanke, den Charakter eines Streifens festzuhalten, und doch das Ornament in die Wandfläche auslaufen zu lassen. — Es befindet sich im Oecus links vom Peristyl.

Reg. VI. Ins. IX. n. 6. Ausgegr. 1828-29.

Im Tablinum läuft die Arabeske auf blauem Grunde oben und unten durch die Seitenfelder, gleich wie auf Taf. VIII und X.

Rechts von dem erwähnten Tablinum ist ein reich decorirtes Triclinium, aus welchem wir einen Friesstreifen mit Greifen auf braunem Grunde copirt haben.

Reg. VI. Ins. VII. n. 23. Ausgegr. 1828-29.

Von der gleichen Wand, die uns das Bindestück auf voriger Tafel lieferte, stammt auch das unterste Ornament dieses Blattes, ebenfalls als Zwischenstück dienend. Die Wandcomposition in Umrissen gezeichnet bei Zahn II, 43.

Tafel XIX.

Reg. V. Ins. I. n. 18. Ausgegr. 1875.

Die oberste Frucht-Guirlande befindet sich über der Mittelwand des Tablinums, dessen Malerei im übrigen zerstört ist

Reg. I. Ins. III. n. 25. Ausgegr. 1872.

In einem kleinen Schlafzimmer ist unsere mittlere Arabeske angebracht, ganz niedrig in der Mittelwand umlaufend, welche mit dem roth und blau bemalten, breiten Stuckkarnies abschliesst. Alle Malereien des Zimmers sind auf weissem Kalkgrunde, und man sieht überhaupt in diesem Hause einen andern Maler, als wie sie weiter oben in der Stadt arbeiteten. Es könnte ein einheimischer sein.

Reg. V. Ins. I. n. 26. Ausgegr. 1875.

Das untere Blätterornament läuft unten durch die Mittelwand, wo oben die erste Arabeske der vorigen Tafel sich findet. Der Kopf wird durch die Hörner zu einem Pan gestempelt.

Tafel XX.

Reg. VII. Ins. I. n. 47. Ausgegr. 1861.

In einer stattlichen Exedra zieht sich diese Arabeske über der hohen Mittelwand hin. Wir haben das Stück rechts auf der Hauptwand copirt. Ähnlich, und auch auf schwarzem Grunde, ist der Fries aus dem Isistempel, jetzt im Museum zu Neapel, Abtheilung IV, von Zahn III. 7 publicirt, sowie von Niccolini.

Das rothe Mittelfeld derselben Wand ist von dem umlaufenden gelben Ornament eingefasst, welches oben giebelartig zusammenlaufend, in einer genial aufgefassten Pan-Maske abschliesst.

Tafel XXI.

Museum Neapolit. XVII. I. II.

Die obere Arabeske stammt aus Herculaneum, wo sie im vorigen Jahrhundert gefunden wurde. Sie zieht sich durch den unteren Theil eines Wandfeldes. Als Mittelpunct erkennen wir eine Okeanos-Maske mit Krebsscheren.

Die beiden unteren Ornamente sind aus dem Isistempel, der 1765 ausgegraben wurde. Sie bilden die Basis für Zwischenglied-Architectur, ähnlich wie der Fischkentaur auf Taf. VIII, und correspondiren mit dem bei der vorigen Tafel erwähnten Fries. Die Gegenstände sind ein Okeanoskopf und eine heilige Lotospflanze.

Tafel XXII.

Reg. VII. Ins. VII. n. 10. Ausgegr. 1871.

Den Mittelpunct nimmt die gemalte Statue eines Silen ein. Dieser ist der Erzieher des Bacchus, lebt in den Wäldern und wird mit Glatze, stumpfer Nase, rundem Bauch und auf dem Weinschlauch ausruhend dargestellt. In der Hand hält er den Thyrsus. Die Pinie, welche über dieser Statue hervorragt, ist für die italienische Landschaft characteristisch. Seitwärts sind Brunnenfiguren gemalt, wie sie in Stein gearbeitet und auch häufig mit Farben geschmückt, in den Gärten reicher Römer zu Fontänen etc. aufgestellt waren, vgl. H. 1054.

Tafel XXIII.

Reg. VI. Ins. XIV. n. 20. Ausgegr. 1875.

Eine Scheidung dieser Wand in drei Abtheilungen wurde vielleicht durch das kleine Fenster veranlasst, welches dem dahinter liegenden Schlafzimmer (Taf. III) Licht und Luft gewährt. Die Seitenabtheilungen sind Gartenmalereien nach Art des Tadius. Die Mitte nimmt das Bild des Orpheus ein, wie die Thiere Thraciens's den Tönen seiner Leier lauschen. Diese Composition muss auf ein berühmtes Original zurückgehen, da wir sie auch in den römischen Catacomben wiederfinden, wo Christus mit dem Orpheus gemeint ist.

Tafel XXIV.

Reg. V. Ins. I. n. 18. Ausgegr. 1876.

Die gelben Säulen des Peristyls erscheinen an unserer Wand als leichte Halbsäulen, und bilden Felder für verschiedene Malereien. Rechts haben wir wieder ein Gartenstück im Stile des Tadius; links hingegen eine afrikanische Wüstenlandschaft, in welcher ein Stier, vom Tiger angegriffen, dahinrast. Mir scheint dieses Gemälde nach Gegenstand und Ausführung auf ein hellenistisches Vorbild zurückzugehen. Im Sockel finden wir wieder einen Silen. Genial hingeworfen sind die Masken und das Monochrom des Tritonen mit den Seethieren im Architrav, vielleicht von demselben gemalt, der die Landschaft ausführte, während alles übrige einem Gehülfen angehören mag.

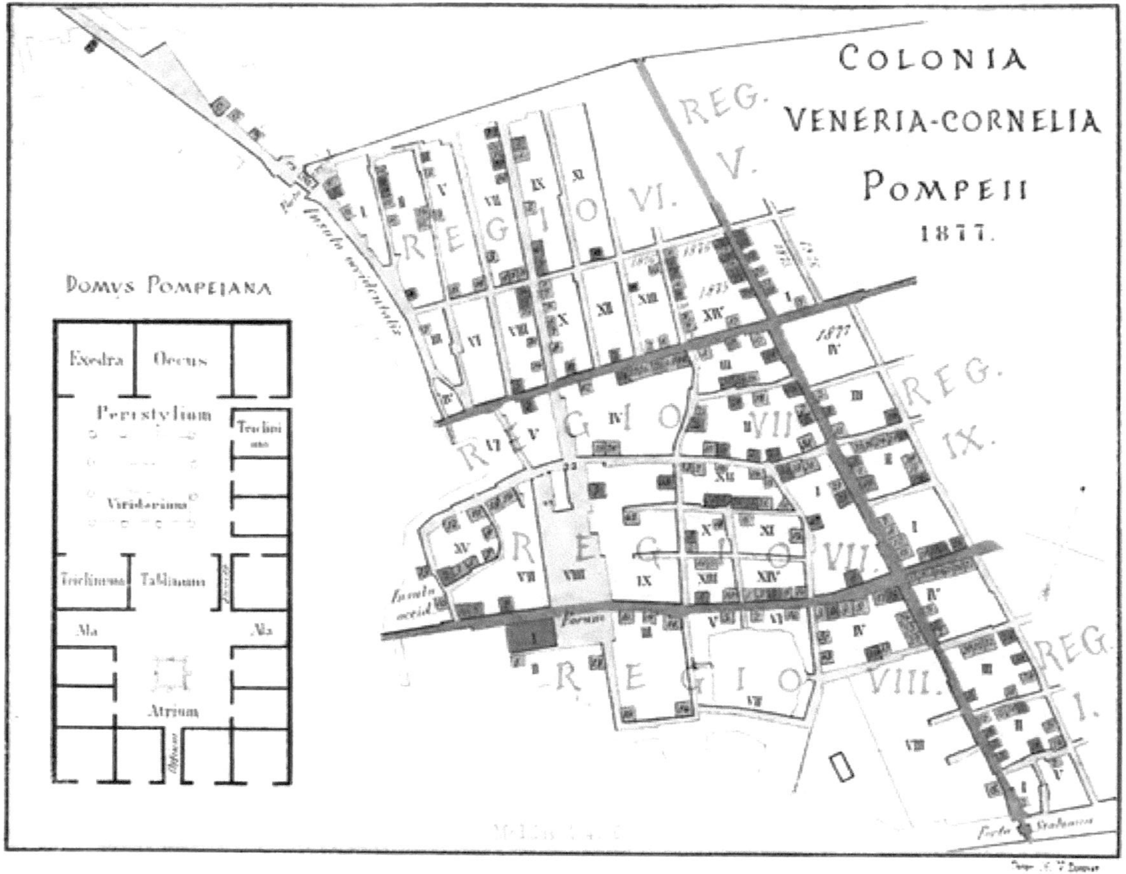
COLONIA
VENERIA-CORNELIA
POMPEII
1877.
DOMVS POMPEIANA
Exedra
Oecus
Peristylium
Triclinium
Viridarium
Triclinium
Tablinum
Ala
Ala
Atrium
REG. V.
REGIO VI.
REGIO VII.
REG. IX.
REGIO VIII.
REG. I.
Forum
Insula occidentalis
Porta Stabiana

I.

REG. V, INS. 1, N. 18.

II.

REG. V, INS. I, N. 18.

II.

III.

REG. VI, INS. XIV, N. 20.

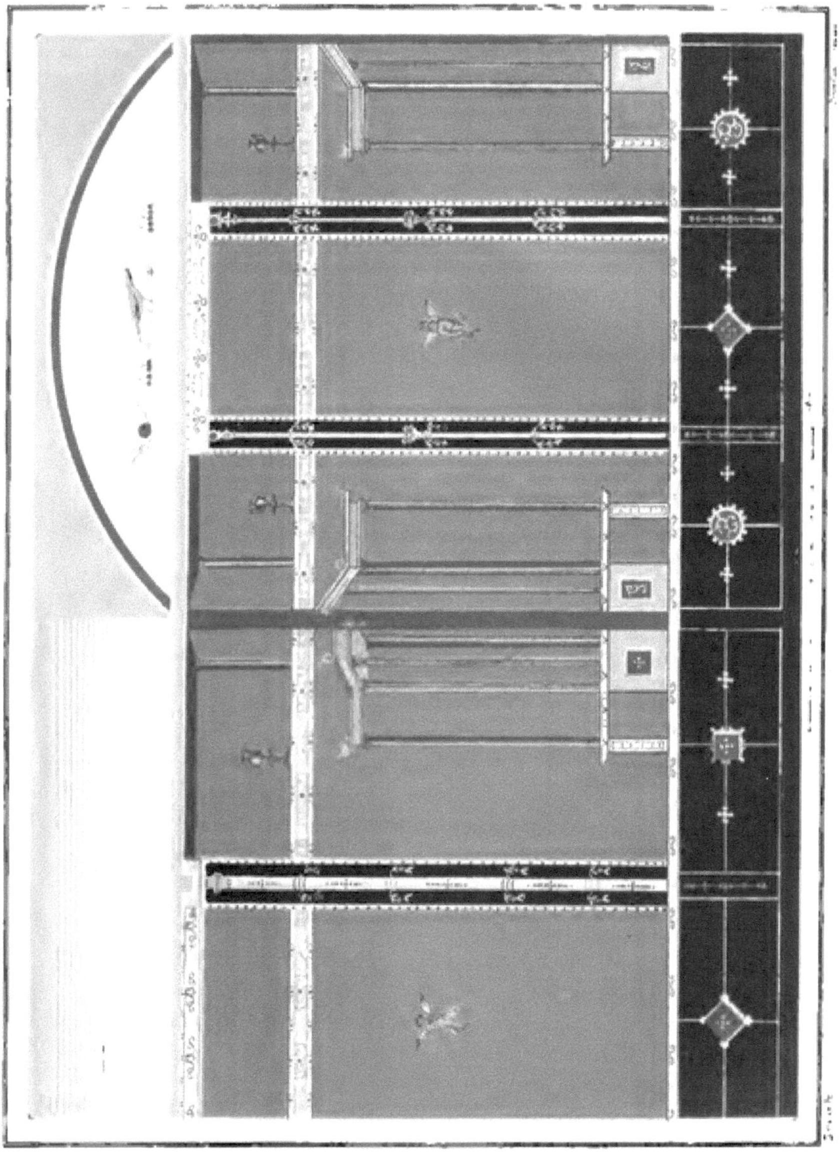

IV.

REG. VI, INS. XIV, N. 20.

IV.

REG. VI, Ins. XIV, N. 20.

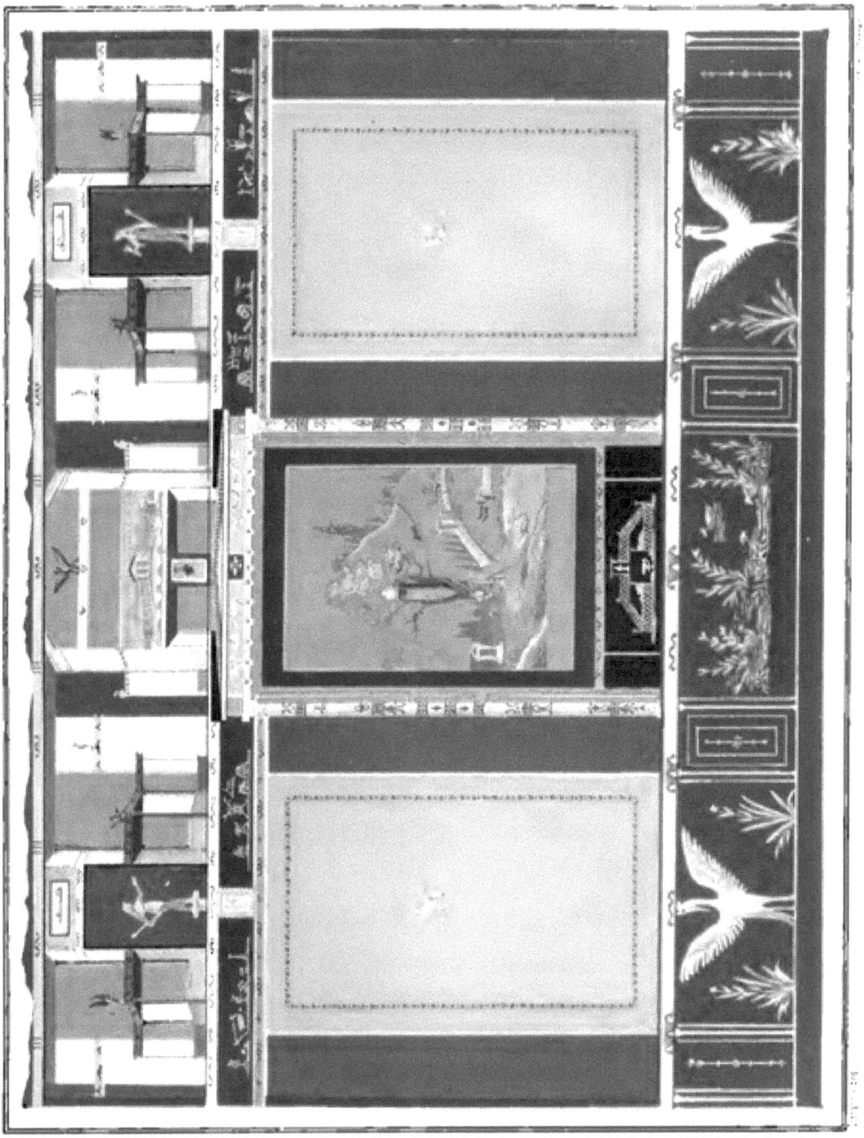

V.

REG. V, INS. I, N. 26.

V.

REG. V, Ins. I, n. 26.

VI.

REG. V, INS. I, N. 26.

VI.

REG. V, Ins. I, N. 26.

VII.

REG. VII, INS. II, N. 45.

VII.

REG. VII, Ins. II, N. 45.

1 metro

VIII.

REG. V, INS. I, N. 18.

VIII.

REG. V, Ins. 1, n. 18.

IX.

MVSEVM NEAPOL.

LXXVII.

IX.

Mvsevm Neapol.

LXXVII.

X.

REG. VII, INS. IV, N. 48.

X.

REG. VII, INS. IV, N. 48.

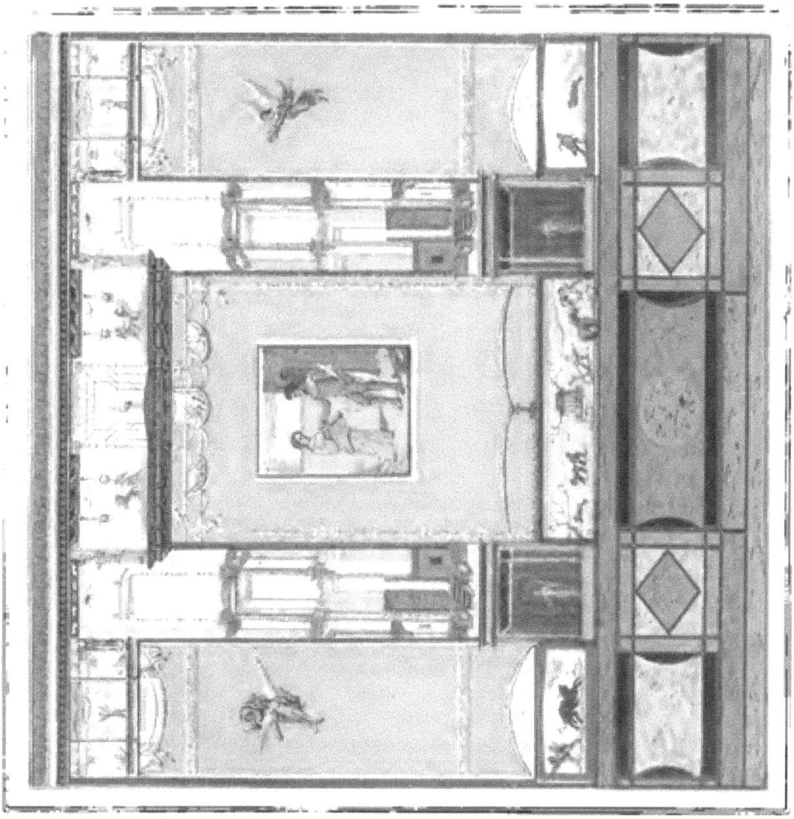

XI.

REG. VI, INS. IX, N. 2.

XI.

REG. VI, Ins. IX, N. 2.

XII.

REG. VI, INS. VII, N. 23.

XIII.

REG. IX, INS. II, N. 10.

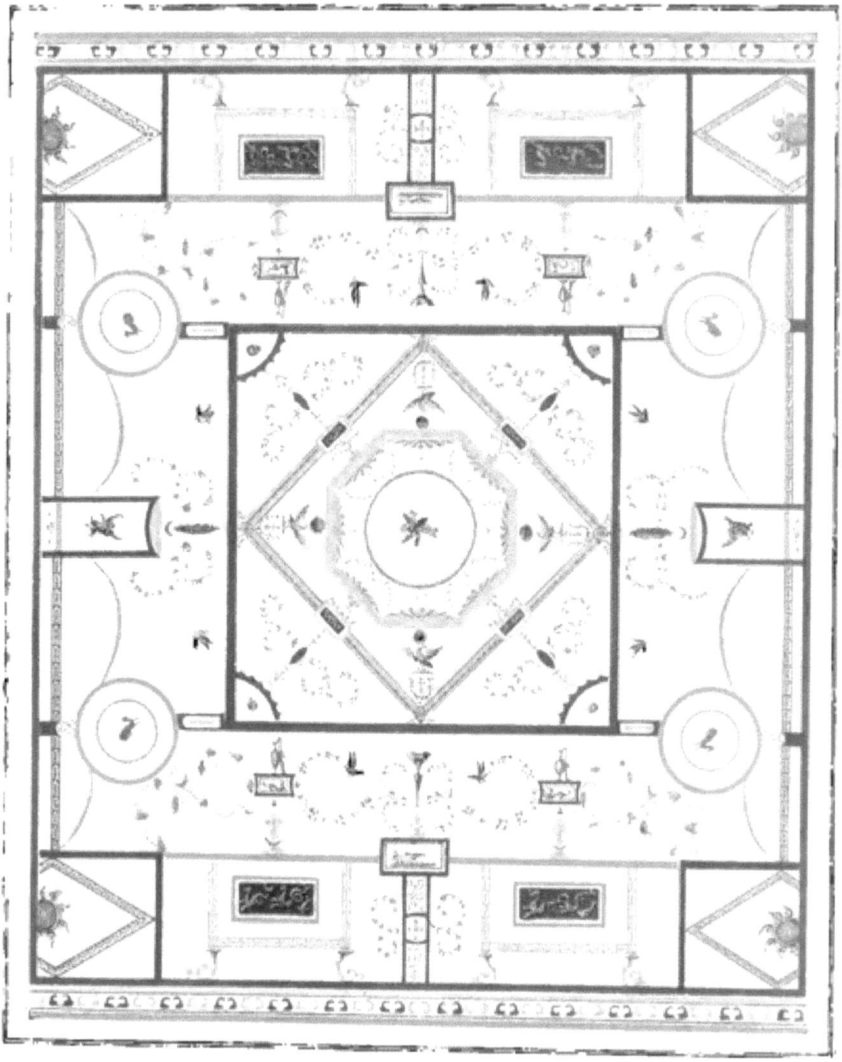

REG. IX, INS. II, N. 10.

XIV.

REG. VII, INS. II, N. 51.

XV.

Reg. VI, Ins. VII, N. 18.

XVI.

REG. VII, INS. VII, N. 5.

Ducasse lit

REG. VI, INS. VII, N. 18.

XVII.

REG. VI,
INS. VII,
N. 23.

REG. VII, INS. III,
N. 8.

REG. VI,
INS. IX,
N. 6.

REG. VII, INS. IV, N. 48.

REG. V, INS. I, N. 26.

XVIII.

REG. VI.
INS. VII.
N. 23.

REG. VI, INS. IX, N. 6

REG. VII, INS. III, N. 30.

Reg.V. Ins I, N.26.

XVIII.

Reg. VI.
Ins VII
N.23.

Reg. VI, Ins IX, N.6.

Reg.VII, Ins.III, N.30.

XIX.

Reg. V, Ins. I, N. 18.

Reg. I, Ins. III, N. 25.

Reg. V Ins. I N. 26.

.XIX

XX.

REG. VII, INS. I, N. 47.

XX.

REG.VII, Ins.1, N.47.

XXI.

MVSEVM
NEAPOL.
XVII.

MVSEVM
NEAPOL.
I.–II.

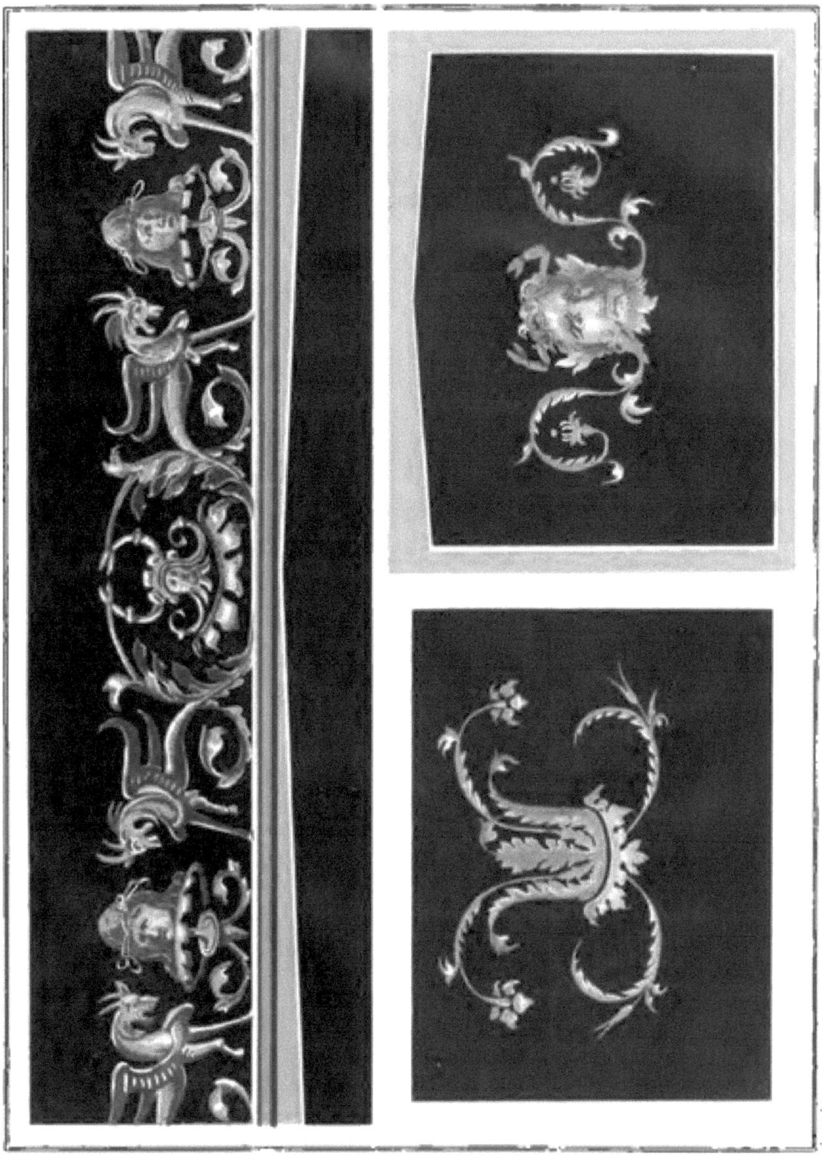

XXII.

REG. VII, INS. VII, N. 10.

XXII.

REG. VII. Ins. VII. N. 1

XXIII.

REG. VI, INS. XIV, N. 20.

XXIII.

REG. VI, Ins. XIV, N 20

XXIV.

REG. V, INS. I, N. 18.